Marginales 189

Pío Baroja

OPINIONES Y PARADOJAS

Prólogo y selección de Miguel Sánchez-Ostiz

Caro Raggio: Editor

TUSQUETS
EDITORES

1.ª edición: noviembre 2000

En coedición con Caro Raggio Editor
Diseño de la colección: Clotet-Tusquets
Diseño de la cubierta: BM
Reservados todos los derechos de esta edición para
Tusquets Editores, S.A. - Cesare Cantù, 8 - 08023 Barcelona
ISBN: 84-8310-712-0
Depósito legal: B. 45.772-2000
Fotocomposición: Foinsa - Passatge Gaiolà, 13-15 - 08013 Barcelona
Impreso sobre papel Offset-F Crudo de Papelera del Leizarán, S.A.
Liberdúplex, S.L. - Constitución, 19 - 08014 Barcelona
Impreso en España

Índice

Prólogo
Por la fronda de Pío Baroja
por Miguel Sánchez-Ostiz

Leer a Pío Baroja, sin reparar en que no es ni por asomo nuestro contemporáneo, sigue siendo una experiencia que raras veces deja indiferentes a sus lectores. Una experiencia de mal lector, claro, como él mismo se autodefinía, del que lee un poco a salto de mata y otro poco al buen tuntún, y disfruta al volver a recorrer caminos muchas veces recorridos, engañándose a sí mismo (signo inequívoco de juventud) con el cuento de «Esto es nuevo para mí» o dejándose sorprender por algún hallazgo fortuito que luego resulta que no lo es tanto (cuando sólo el humor modifica el texto). Y es que tengo para mí que se coja a Baroja por donde se coja, y se lea «empezando por cualquier parte», a algunos nos sigue gustando mucho porque continúa teniendo una rara frescura y una viveza extraordinaria. A él le pasaba algo parecido con Dickens, según nos cuenta en Las horas solitarias. Comprendía sus defectos, pero le seguía gustando a rabiar, a pesar de todo, a pesar de los pesares y de que su sensibilidad le resultara anacrónica. A otros, Baroja no les gusta nada, por su estilo, por sus ideas o por sus propios principios de lector. Qué se le va a hacer.

Con la obra de Pío Baroja puede suceder algo parecido. Su ideología es o nos resulta positivamente difusa, errática, embrionaria, nada partidista; al revés, siempre parece ir en la dirección contraria, como si su divisa hubiese sido aquella que, entre otros, utilizara Julien Benda, Etiamsi omnes, non ego («aunque todos, yo no»), y sobre todo, al día de hoy, de una incorrección política y vital llamativa. En estos tiempos de pensamiento único y de pesebrismo descarado y convenientemente blindado por el aplauso de los bonzos del periodismo y la política (para no decir que lo

*que no es tradición es plagio, para poder ser tradicionales y pla-
giar los modos sociales y culturales de la España eterna), a Baroja igual le habrían llevado preso. Capaces. Porque hay un Baroja,
uno de los Barojas posibles, que todavía ahora resulta tanto o más
estrepitoso que su amigo Bagaría cuando dibujaba las portadas de
aquella revista que fue todo un modelo de pensamiento crítico y
radical:* España. *Y es esa misma ideología difusa la que a unos los
echa fuera de sus páginas —como si fuera sulfurosa por reaccionaria o poco menos que contaminante—, mientras que a otros les sigue pareciendo todo un modelo del decir: «No, por ahí no paso».
Otros, en cambio, lo rechazan con empecinamiento por su prosa
poco o nada retórica, poco vistosa, de nulo lucimiento, cosa que
también es discutible y a la que el propio don Pío no fue ajeno
porque reflexionó abundantemente sobre el particular, como podrá
comprobar el lector que se aventure en las páginas ensayísticas y
memorialísticas de cuya lectura gustosa (con subrayados de odioso pollo del Ateneo, habría dicho Baroja) ha salido este breviario.*

*No seré yo quien sostenga que resulta fácil seguir a Pío Baro-
ja en sus opiniones contundentes, y mucho menos compartirlas, ni
en sus prejuicios y en sus arbitrariedades más que obvias. Además, lo de señalar lo obvio no sé yo qué interés puede tener a
estas alturas. Pero sí diré que además de que me siga gustando el
autor, a pesar de las nubes que advierto en su obra, me sigue pareciendo admirable el empeño de aquel hombre de vivir y escribir
con verdad o con la mayor verdad posible, de no dejarse arrastrar
por nada ni por nadie, y sobre todo por los ocasionales brujos de
la tribu, ya fueran éstos los políticos o los periodistas o los santones de moda, el empeño en construirse una identidad fuerte, individual, independiente, en su muy literario papel de sempiterno
Robinson de una Isla de Juan Fernández que fue para él algo más
que de papel, desde luego, corriendo el riesgo de la opinión y del
comentario, continuo, hasta el final, y en consecuencia de equivocarse. Se empeñó mucho Baroja (citando a Stendhal) en «ver en
lo que es», es decir, en mirar qué es lo que contienen los lugares
comunes, las convenciones y las conveniencias sociales, sobre los
que tenemos montado el mejor de los mundos posibles.*

Sólo que Baroja se encarga de decirnos que él, muchas veces, no ha hecho otra cosa que expresar «ideas que flotan en el ambiente del tiempo». Y eso sin contar con que es el bachiller Juan de Itzea quien en su discurso a los chapelaundis del Bidasoa (gente de boina grande y de corazón también grande) y con motivo de la solemne apertura de la academia de Cherribuztango-erreca (Momentum Catastrophicum), dice: «Un chapelaundi es un filósofo. No pretendo persuadir, y mucho menos arrastrar; no quiero más que exponer». Y en otro lugar, a la hora de escribir sus memorias, dice:

«Durante mi vida larga, en la infancia, en la juventud y en la vejez, muchas veces me he encontrado con gente que me ha querido demostrar que yo estaba completamente equivocado en mis juicios y en mis puntos de vista sobre las ideas y las personas, unos con argumentos para mí sofísticos, y otros con ingeniosidades de poca monta. Yo he seguido en mis opiniones, y la verdad, no he comprobado en mis ideas grandes errores. Me he engañado poco, o si me he engañado, he vivido siempre en el engaño, lo cual es casi lo mismo. He mirado los hechos y la literatura con la misma clase de lente. Cambiarla me parece arbitrario y hasta absurdo».

Ya en otra parte dije que, a mí, la obra de Pío Baroja se me figura un bosque sumergido en la niebla en el que los caminos se cruzan y entrecruzan, como lo hacen las ramas. Es en Laura o la soledad sin remedio, esa preciosa novela del tiempo de zozobra de la guerra, donde Baroja describe la enramada de unos árboles en la neblina del invierno, y la compara a una pieza de encaje, a un oscuro encaje. Una fronda en la que el lector puede simular perderse, un bosque en el que la enramada se cruza y entrecruza, una red en suma en la que el lector queda atrapado.

Cuando uno recorre el bosque de las páginas barojianas, con sus claros y sus lugares oscuros y menos frecuentados, se da cuenta de que aquí y allá aparecen unos temas, unos asuntos o unas preocupaciones comunes a sus personajes literarios y al propio autor, y que a la postre son los que constituyen el andamiaje y dan originalidad al mundo barojiano, los que le hacen ser lo que es y no otra cosa.

Éste es, me temo, un libro de difícil clasificación. Podría ha-

berse titulado Miscelánea barojiana *e incluso puede ser conside-*
rado como una mínima e improbable Antología *de fragmentos*
escogidos (y tan escogidos), una pintoresca disjecta membra, *o un*
Diccionario, *portátil también, idea que me seduce bastante, por-*
que la obra de Baroja admite muy bien la labor de los pacientes
y minuciosos eruditos que se dedican a la formación de dicciona-
rios. Un diccionario geográfico, biográfico, ideológico... En la
obra de Baroja hay materia más que suficiente para hacer cual-
quiera de ellos por extenso. Falta, por ejemplo, un buen dicciona-
rio de personajes, un extenso dramatis personae, *o un «quién es*
quién» barojiano, con sus peculiares señas de identidad. Pero la
idea del diccionario excedía con mucho la de mi trabajo.

Dejémoslo en caprichosa colección de opiniones y paradojas
entonces, en una mínima propuesta, una invitación a recorrer la
obra barojiana, pero añadamos que, sin duda alguna, cada lector
de Baroja puede confeccionar la suya a nada que se lo proponga.
Pretender lo contrario habría sido abusivo por mi parte.

Baroja, en un artículo titulado «Sembradores de dudas», reco-
gido en Pequeños ensayos, *hablaba de su afición a las compi-*
laciones, centones, misceláneas, etcétera, como el Diccionario de
Bayle. *Por eso he escogido la forma de un diccionario (tal) que*
agavillara las opiniones, las paradojas, muy contundentes ambas,
que aparecen una y otra vez, iluminando o ensombreciendo, con
su severidad y su dolor de fondo, la obra barojiana. Casi todas
ellas se repiten mucho, y lo hacen de una manera obsesiva muchas
veces, como podrá comprobar el lector más asiduo de Baroja, el
que explora esos rincones menos frecuentados: su obra ensayísti-
ca, sus páginas autobiográficas o memorialísticas, sus artículos
y misceláneas. Allí donde leamos las encontraremos enseguida
(como su anhelo de franqueza y de verdad, por ejemplo, o su can-
to a la libertad individual). Pocas resultan de verdad insólitas,
y espero que ninguna pintoresca o chocarrera, porque eso, el pin-
toresquismo y la chocarrería barojiana, me acaba pareciendo uno
de los peores lastres del Pío Baroja convertido en personaje lite-
rario. Es un hechizo de difícil conjuro, la verdad, porque hay
quien no quiere ver más que el chascarrillo y no escucha la voz
barojiana nunca, ni quiere saber de su humor.

¿Por qué unas entradas y no otras? Pues no lo sé, la verdad. Hay mucho de capricho y de arbitrariedad en mi elección. Me he detenido en las que me han parecido más relevantes y que a mi entender daban mejor la medida de la forma de pensar de Pío Baroja, un pensamiento que en las cuestiones fundamentales evolucionó muy poco, casi nada. Puede decirse que desde las páginas primerizas de las postrimerías del XIX a las crepusculares de los años cuarenta o cincuenta, siempre fue el mismo.

Los comentarios, generalmente insidiosos, que suscitó la aparición en 1997 de su libro Ayer y Hoy, *a propósito de la ideología política de Pío Baroja –él se definió reiteradamente como un conservador y un liberal–, no hacen sino revelar el desconocimiento de textos tan fundamentales como* El tablado de Arlequín *(1904),* Las ideas de ayer y hoy *(1933),* Rapsodias *(1936) o* Divagaciones acerca de Barcelona *(1910). Su desconfianza del sistema parlamentario y democrático fue total, radical, sin paliativos. Para él los políticos eran unos hampones que vivían de gorra. Él era un individualista feroz, un hombre* ancien régime, *en el mejor sentido de la palabra, que no sé si vivió extraviado en una época que nunca acabó de comprender del todo.*

Probablemente no están todas las voces que podían haber estado, pero sí las que yo, al hilo de la relectura, he considerado más significativas, y las que a la postre creo que pueden dar una mejor idea de quién era aquel escritor y aquel personaje que fue Pío Baroja, y de cómo concitó ya en su época las pasiones encontradas que concitó. Por el hecho de decir lo que pensaba se hizo muchos enemigos, cierto. Se lo recordaba su amigo Bagaría, el que despreocupadamente fumaba puros de precio, reproche este, como muchos de los de Baroja, por completo misterioso.

Es, por tanto, el mío, no un análisis sistemático de la ideología barojiana, sino un repertorio caprichoso, parcial, subjetivo, el resultado de una lectura muy particular de algunos libros de Pío Baroja que, me temo, son al día de hoy menos frecuentados que otros. No fui buscando nada en especial, ni la confirmación ni la negación de nada. Así, como quien tira a parado, no se puede leer. Yo, al menos, no puedo. La lectura es un juego de seducción y uno debe aceptar esa invitación, debe dejarse llevar por las pala-

bras del otro. Ése y no otro me parece el pacto que se establece entre autor y lector.

Si seguimos el camino de estas y otras entradas podemos llegar hasta ese Baroja humorista, de un humor zumbón y corrosivo, que provoca a menudo la franca carcajada (aquellas carcajadas insólitas en un hombre taciturno y sombrío, según la tópica pintura, que recordaría su sobrino don Julio Caro Baroja), hasta el escritor tan arbitrario como compulsivo, que opinaba de todo lo divino y lo humano llevado por el mismo impulso de su escritura, al escritor que se tomó muy en serio su oficio y no rehuyó el opinar e intervenir en los debates de su época, y llegamos también al moralista que sin duda fue don Pío, a pesar de que sobre él se haga pesar la sombra de Nietzsche como raro cometa.

En estas entradas hay un poco de todo: opiniones más o menos contundentes, paradojas, juicios de valor, ideas embrionarias, prejuicios, arbitrariedades, verdades como puños, envidiable y ejemplar franqueza, retratos benevolentes y al vitriolo, caricaturas, anecdotario diverso y algunas, pocas, líneas aforísticas.

Los retratos, mínimos, son de personajes históricos, de la política o la literatura, que tuvieron su importancia en la vida y la obra de Baroja, y permiten ver cuáles eran las admiraciones y los enconos, las simpatías y las antipatías barojianas tanto en literatura como en política. Baroja, según decía Josep Pla, fue, además de un gran paisajista, un gran retratista, exacto.

También fue un gran contador de anécdotas, un gran recolector –ahí está Bagatelas de otoño, el último tomo de Desde la última vuelta del camino– de historias menudas, de esas que en su opinión son las únicas que merecen la pena cuando se leen las memorias de la gente, las que dan el verdadero carácter de las cosas.

Y a propósito de prejuicios. Tengo para mí que Baroja fue valiente hasta para eso. Podría muy bien haberlos ocultado, sabiendo como sabía que la expresión de ideas a contrapelo no acarrea más que disgustos, podía haber compuesto el gesto, pero no, él fue a donde el corazón le mandaba (sin mala retórica), incluso en aquellos territorios, la política del día, en los que podía salir malparado porque era, a todas luces, el más débil.

El Baroja que aparece en los textos de donde vienen estas

voces es un Baroja múltiple. Unas veces se muestra vibrante, lleno de fuerza, mientras que otras parece que sus palabras están veladas por el hastío, otras más por el escepticismo. Se muestra como fue: contradictorio, más sujeto a cambios de humor de lo que a primera vista parece, lapidario, sarcástico, especulativo, como si él fuera muchas veces el destinatario de sus derivas. Sea lo uno o lo otro, Baroja sigue siendo al día de hoy legible, algo más que legible.

Yo siempre he creído que Pío Baroja fue algo más, bastante más que un decidor de chocarrerías, enormidades y disparates varios. A mí me gustaría que el lector, al de buena fe me refiero, porque el otro me tiene sin cuidado, se remitiera a los textos completos, a esos volúmenes de ensayos barojianos que por no haber estado publicados más que en primeras ediciones son, me temo, prácticamente desconocidos. Ver en lo que es, haciendo orejas de mercader a lo que hayamos podido leer sobre ellos.

Baroja no era un Chamfort, entre otras cosas porque, desde la primera a la última página escrita, no se propuso otra cosa que ser él mismo. Y eso que Chamfort le gustaba, aunque le reprochara un exceso de crueldad y de acritud, y una falta de piedad, por la que tanto abogó Pío Baroja, para ser un completo humorista. Baroja estima a Chamfort, cierto, pero lo juzga con severidad, advierte el entramado secreto, el dechado en el que aquél borda sus retratos, sus historias, sus frases ingeniosas, las que ocultan los complejos brutales, las frustraciones radicales y la amargura de aquel hombre vitriólico. Baroja no lo era, y si en ocasiones llegó a mostrarse así, desapacible, también se mostró, con la misma facilidad, ingenuo y sentimental, y hasta benevolente, que éste, el de la benevolencia, es uno de los sentimientos más valorados por don Pío. Tenía olvido difícil, dijo uno de sus biógrafos, creía apenas o nada en el perdón de las ofensas, cuando éste no pasa de ser una vergonzante convención. Cierto, aquí, en esta colección (particular), hay pruebas suficientes de ello, pero también fue leal a sus amigos, y leal a las ideas que sostienen sus personajes: libertad de acción y de conciencia, respuesta inmediata a los abusos de los poderosos de turno, apoyo del más débil (desde sus primeros textos además, los que ya llevan cien años cumplidos en el olimpo de papel impreso de las hemerote-

cas), desprecio de la masa y del público como árbitros éticos e ideológicos.

Sólo me queda desear que el lector cómplice disfrute recorriendo estas voces como yo mismo he disfrutado reuniéndolas.

Gorritxenea, julio de 2000

Nota bibliográfica

Las ediciones utilizadas son las de las obras completas de la editorial Caro Raggio, edición llamada del Centenario, y los volúmenes de las de Círculo de Lectores, establecida por José Carlos Mainer, correspondientes a los Ensayos (tomos XIII a XVI), por considerarlos los más fiables y accesibles para ese lector (barojiano o no) curioso que no se detiene ante nada y que desee aventurarse de veras en la espesa y profunda fronda barojiana.

AH: *Ayer y hoy*, Madrid, Caro Raggio, 1997.
AP: *Aquí París*, Madrid, Caro Raggio, 1998.
CH: *La Caverna del humorismo*, Madrid, Caro Raggio, 1986.
DA: *Divagaciones apasionadas*, Madrid, Caro Raggio, 1985.
DUVC, I: *Desde la última vuelta del camino. El escritor según él y según los críticos*, Madrid, Caro Raggio, 1982.
DUVC, II: *Desde la última vuelta del camino. Familia, infancia y juventud*, Madrid, Caro Raggio, 1982
DUVC, III: *Desde la última vuelta del camino. Final del siglo XIX y principios del XX*, Madrid, Caro Raggio, 1982.
DUVC, IV: *Desde la última vuelta del camino. Galería de tipos de la época*, Madrid, Caro Raggio, 1983.
DUVC, V: *Desde la última vuelta del camino. La intuición y el estilo*, Madrid, Caro Raggio, 1983.
HS: *Las horas solitarias*, Madrid, Caro Raggio, 1982.
JE: *Juventud, egolatría*, Madrid, Caro Raggio, 1985.
MC: *Momentum Catastrophicum*, incluido en *La caverna del humorismo*, Madrid, Caro Raggio, 1986.
NTA: *Nuevo tablado de Arlequín*, Madrid, Caro Raggio, 1982.

OC, XIII: *Ensayos I*, Barcelona, Círculo de Lectores, 1999.
OC, XIV: *Ensayos II*, Barcelona, Círculo de Lectores, 1999.
OC, XV: *Ensayos III*, Barcelona, Círculo de Lectores, 1999.
OC, XVI: *Obra dispersa y epistolario,* Barcelona, Círculo de Lectores, 2000.
TA : *El tablado de Arlequín*, Madrid, Caro Raggio, 1982.

Opiniones y paradojas

[*a contrapelo*] Para los que no dependemos del público, ni nos importa el ambiente periodístico, la opinión general no nos intranquiliza. Hay que nadar contra corriente; eso es todo. *[1918]* (MC, 292)

*

[*abogados*] Tenéis cansados los ojos y las manos de manejar el Código como un trabuco. *[1919]* (CH, 242)

*

[*acción*] Como todos los que se creen un poco médicos preconizan un remedio, yo también he preconizado un remedio para el mal de vivir: la acción. Es un remedio viejo como el mundo, tan útil a veces como cualquier otro, y tan inútil como todos los demás. Es decir, que no es un remedio.

La fuente de la acción está dentro de nosotros mismos, en la vitalidad que hemos heredado de nuestros padres. El que la tiene la emplea siempre que quiere; el que no la tiene, por mucho que la busque, no la encuentra. *[1917]* (JE, 57)

La acción por la ambición y el placer me parece poca cosa. A mí me gustaría la acción, la gimnasia del espíritu, la superación de mí mismo, pero no por el placer, sino por un sentimiento de orgullo. *[1918]* (HS, 30)

[*Achúcarro, Nicolás*] Tenía imaginación y llevaba camino de ser algo importante en la ciencia. No era un charlatán, no le gustaba alabarse y parecía tener como técnica el unir al trabajo la fantasía. Se ve en las cuestiones científicas como en todo: la fantasía tiene una gran importancia. (...) Tenía afición a destacarse; no se hacía el reclamo, como muchos médicos modernos, que son como cupletistas y hablan de sus éxitos verdaderos o falsos como histriones. *[1947]* (DUVC, IV, 338-339)

[*adulterio*] El adulterio es a veces crimen, es a veces delito, a veces falta; es a veces, en los pueblos en que no existe el divorcio, un derecho, el derecho que todos los hombres tenemos al amor y a la felicidad. (...) Presenta diversos grados de inmoralidad, según las clases sociales en donde se presenta. (...) Creo que el divorcio es la única solución humana del conflicto; creo que España debe irse preparando para implantarlo. *[1904]* (OC, XIII, 164, véase *amor*)

[*afinidades*] La gente muchas veces quiere encontrar motivos ideológicos para su antipatía, y la mayoría de las veces no los hay; es el instinto el que reina, como entre los animales; las rivalidades y los celos. *[1941]* (DUVC, I, 212)

[*agnosticismo*] El átomo, la unidad del alma y de la conciencia, la certidumbre de conocer, todo es sospechoso hoy. *Ignoramus, ignorabimus.* Esta posición agnóstica es la más decente que puede tomar una persona. *[1917]* (JE, 26) [*agote*] ¿De dónde venían? No se sabe a punto fijo. Lo único que se sabe es que la población vasca y gascona les recibió de tal manera que formó entre ellos y los recién llegados una barrera infranqueable. (...)

La iglesia, como la sociedad civil, se constituyó en enemiga de los agotes. (...)

En la iglesia de Arizcun los hombres del barrio de Bozate, los agotes, se ponían separados; hoy las mujeres de ese barrio se colocan las últimas. (...) No podían ser curas ni frailes. En Arizcun iban en las procesiones los primeros y no podían sentarse en los bancos del cementerio a esperar la misa. Su inferioridad civil era también grande. En plena Edad Media tenían que presentar siete testigos para contrarrestar el testimonio de un *perluta* (vasco). Hoy mismo en el Baztán no son concejales los del barrio de Bozate y apenas les dejan bailar la carrica danza a las muchachas bozatenses en la plaza de Arizcun. (...)

Al entrar en Bozate se nota que no hay ninguna casa solariega, ningún escudo, ningún adorno, pocas flores; se siente un ambiente de tristeza, de suspicacia y de humillación. Es la miseria ancestral, la injusticia y el odio, que al pesar sobre los habitantes los ha empequeñecido. *[1918]* (HS, 205 y ss)

Soy el agote, el despreciado agote. Vengo del lado de Arizcun, y allí por donde voy, por la orilla de este río, me odian. No sé qué me reprochan. Me acusan de ser descendiente de leprosos, pero no tengo el aliento más envenenado que los demás hombres. Me obligan a llevar un pedazo de paño rojo en forma de pata de ave cosido en la mísera ropa que me cubre. Los viejos vascos no cristianos me odian sin motivo, y los cristianos, también. ¿Por qué? No lo sé. No puedo enmendarme, porque si he delinquido, no sé cómo ni cuándo. Mi delito es haber nacido en esta casa y no en la otra. Extraño delito. *[1922]* (OC, VI, 538)

*

[*à la recherche du temps perdu...*] No sé por qué parecen tristes y melancólicas las cosas que fueron; no se lo explica uno bien, se

recuerda claramente que en aquellos días no era uno feliz, que
se encontraba más inquieto, más en desarmonía con el medio social y, sin embargo, parece que el sol de entonces debía brillar más
y que el cielo debía tener un azul más puro y más espléndido.

Ese pensamiento en el pasado, cuando se deja atrás la juventud y se le mira desde lejos, es como una herida en el alma que
va fluyendo constantemente y nos anega de tristeza.

Uno quisiera que las cosas unidas a sus recuerdos fueran
eternas, pero nuestra existencia no representa nada en la corriente tumultuosa de los acontecimientos. En aquel rincón fuimos
casi felices...; nuestra felicidad o nuestra desgracia tiene poca
importancia. *[1917]* (NTA, 44-45)

*

[*Alcalá Galiano, Antonio*] Gran orador de la época, reputado
por su elocuencia y por su fealdad, es un tipo muy atravesado,
con un fondo cínico y misantrópico. Tiene simpatías raras. Cuenta cosas muy interesantes y hace confesiones verdaderamente es-
trambóticas. Entre ellas, dice que le engaña la mujer, y que tiene
una afición irrefrenable a emborracharse. [1944] (DUVC, I, 31)

*

[*Alcalá Zamora, Niceto*] No podía vivir sin peroratas. *[1955]*
(AP, 80)

*

[*Alemania*] Yo creo firmemente que todos los republicanos,
todos los liberales, todos los revolucionarios españoles germanó-
fobos, están en un error. Es decir, no lo están porque la mayoría no tiene en la cabeza más que palabrería hueca.

Yo creo que si hay algún país que pueda aplastar a la Iglesia
católica definitivamente es Alemania.

Si hay algún país que pueda arrinconar para siempre al viejo
Jehová, con su séquito de profetas de nariz ganchuda y de gran-

des barbas de farsantes, con sus descendientes los frailucos puercos y ordinarios y los curitas pedantuelos y mentecatos, es Alemania.

Si hay algún país que pueda desacreditar esta camama del parlamentarismo, es Alemania.

Si hay algún país que pueda acabar con la vieja retórica, con el viejo tradicionalismo español, soez y grosero, con toda la sarna semítica y latina, es Alemania.

Si hay algún país que pueda sustituir los mitos de la religión, de la democracia, de la farsa de la caridad cristiana por la ciencia, por el orden y por la técnica, es Alemania. *[1917]* (NTA, 184)

Respecto a los campos de concentración de Alemania con los judíos y sus prisioneros, cuando algunos decían que las crueldades que se contaban de ellos no podían ser verdad, yo, sin tener más datos que los de todo el mundo, creía que debían ser ciertos.

En el alemán existe, dentro de su gran cultura, algo que le permite llegar a la barbarie y a la crueldad, lo que no pasa con otros europeos cultos. *[1947]* (DUVC, IV, 77)

*

[*alemanes*] El culto bárbaro del ejército y de la patria, como esos chinos tenaces del centro de Europa. *[1918]* (HS, 333)

Tienen esta riqueza entre sus posibilidades: que pueden ser al mismo tiempo románticos y asesinos. *[1955]* (OC, XV, 661)

*

[*Alfonso, XIII*] Este rey no demostró nunca valor ni demostró inteligencia, ni prudencia ni lealtad, pues lo que hizo con Primo de Rivera fue una prueba de estupidez y de ingratitud. *[1939]* (AH, 73)

*

[*Álvarez Quintero, hermanos*] No tengo, la verdad, gran simpatía por la obra, ya extensa, de los señores Álvarez Quintero.

Esta falta de simpatía procede, más que nada, del pensamiento que integran en general las obras de estos aplaudidos autores.

Hay siempre en sus comedias y sainetes un fondo de moralidad burguesa, un vuelo de la fantasía tan corto, que molesta. *[1902]* (DA, 139)

*

[*Amigos del País*] Yo creo que la única orientación buena, simpática, civilizadora en nuestras provincias, fue la de la Sociedad Económica Vascongada. Aquellos hidalgos, abuelos nuestros, aquellos caballeritos de Azcoitia, verdaderos chapelaundis, comprendieron lo que necesitaba nuestro pueblo.

Se llamaron Amigos del País. ¡Cuánta más cultura, cuánta más humanidad representa ese nombre solo que no ese cerril y oscuro bizkaitarrismo!

Desgraciadamente aquella tendencia culta y humana se interrumpió con la demagogia negra que produjo la guerra de la Independencia y la guerra carlista.

Yo creo que si hay que seguir alguna tradición en nuestra tierra es esta de los Amigos del País. Seguirla significa estudiar las ideas, las costumbres, los oficios, las artes; pensar en la vida de sociedad, en el embellecimiento de los pueblos, en el cuidado de los paisajes... Seguirla significaría intentar una vida nueva, bella, amable... Seguirla sería, en resumen, hacer de cada vascongado un chapelaundi del Bidasoa y de los otros Bidasoas del país. *[1918]* (MC, 281-282)

*

[*amistad*] Yo he tenido pocos amigos, pero no he reñido con ninguno. El tiempo o el alejamiento ha hecho que la relación amistosa se haya desvanecido a veces, pero la riña y el encono por amigos antiguos no los he sentido nunca. Creo que he teni-

26

do la intuición de las personas y nunca me he equivocado, al menos desde mi punto de vista. *[1947]* (DUVC, IV, 21)

La amistad es tan difícil entre los hombres, que hay que cuidarla mucho para que no se marchite. *[1949]* (DUVC, VII, 22)

*

[amor] Al que llevado por una gran pasión de amor salta por encima de la ley, no hay que vituperarle, sino aplaudirle. El hombre o la mujer que cometió un error, al unirse con su cónyuge, y al reconocer este error, lo destruye, salvando su individualidad, hace bien. Sólo los mezquinos y los miserables pueden condenar y acusar al que, llevado por una gran pasión, rompe todas las leyes de la sociedad para imponer por su fuerza el derecho de su pasión.
El amor, que es el principio y el fin de la vida, tiene todos los derechos; el hombre del Renacimiento no debe de reconocer obstáculos a la felicidad de dos seres humanos. *[1904]* (TA, 46-47)

Hay que jugar limpio o con trampas. Para jugar limpio, no hay que hacer trampa ninguna, ni pequeña ni grande; pero si se hacen trampas, no se puede pedir limpieza en el juego al adversario.
Es lo que ocurre ahora con el juego amoroso, con la lucha de sexos. Se juega siempre sucio. El uno engaña, la otra también. ¿Cómo exigir lealtad en el adversario o compañero? *[1933]* (OC, XIV, 1195)

Al español le indigna que se diga que su vida amorosa es, en general, pobre, sin dramatismos; pero así es, ¡qué le vamos a hacer! Yo creo que el país rural que no es rico no tiene una ética libre. Solamente en los países industriales y comerciales de clima blando es donde se destaca la personalidad de la mujer y triunfa el amor apasionado. *[1944]* (DUVC, I, 77)

Me han achacado la falta de amor. En eso de la falta de amor, en gran parte es evidente, si se me compara con los místicos; ahora, no sé si se me compara con la gente corriente. Creo que por muy fea que se presente la humanidad al místico, al hombre de espíritu piadoso y caritativo no le hará nunca que la odie. Sea cristiano, budista o librepensador, espere algo de su acción o no espere nada, no hará que cambie el amor en odio. El asesino cruel o la mujer perversa serán sus hermanos y los compadecerá. *[1944]* (DUVC, I, 71)

*

[*anarquismo*] «Ahora comienza la historia», dicen algunos anarquistas, y se dedican de lleno a la genialidad de la insensatez y de la extravagancia. *[1939]* (AH, 122)

El anarquista teórico cree que el hombre es bueno y que todas las imposiciones de los códigos son perjudiciales. Ésta es la herencia de Juan Jacobo Rousseau. Yo no creo en nada de esto; por el contrario, por instinto y por experiencia, creo que el hombre es un animal dañino, envidioso, cruel, pérfido, lleno de malas pasiones, sobre todo de egoísmos y de vanidades. *[1944]* (DUVC, I, 72)

El anarquismo ofrecía una mezcla de misticismo y de criminalidad un poco rara.

El anarquismo estaba a la moda. Cosa que no tiene nada de particular, porque también lo han estado el cubismo, el surrealismo y otros ismos por el estilo, que no producen crímenes, pero que son más absurdos. *[1944]* (DUVC, III, 138)

*

[*Anglada Camarasa, Hermenegildo*] Parecía una función de fuegos artificiales. *[1947]* (DUVC, IV, 242)

*

[*angustia... existencial*] Desear la angustia y la desesperación casi por sistema me parece una extraña anomalía. Desear la vida intensa con alternativas de alegría y de pena es, sin duda, natural; pero buscar sólo la contrición es aberrante. *[1917]* (HS, 28)

No parece que la angustia sea la raíz única de la vida.

Yo, la angustia la he sentido muchas veces en el hipogastrio; pero nunca he creído que fuera una manifestación de sabiduría, sino el resultado de la acción del nervio vago.

En unos casos, la raíz de la vida será la angustia; en otros, la rabia; en otros, la desesperación; en otros, la ambición y el orgullo; en otros, la esperanza, y en algunos, muy pocos, la bondad y la santidad. *[1947]* (DUVC, IV, 38)

*

[*animales domésticos*] A los perros se les tiene más cariño; a los gatos, yo al menos sí, más estimación. El perro parece un animal de una época cristiana; el gato, en cambio, es completamente pagano. El perro es un animal un poco histérico, parece que quisiera querer más de lo que quiere, entregar su alma a su amo; el gato supone que un momento de sentimentalismo es una concesión vergonzosa. El gato realiza el ideal de Robespierre de la libertad. Como bonito, no hay otro animal doméstico que se le asemeje. Tiene, además, su casta una fijeza y una inmovilidad completamente aristocráticas; en cambio, el perro es una masa blanda con la que se hace lo que se quiere. *[1917]* (HS, 145-146)

Siempre he sentido una cierta compasión por los animales. En esa cuestión, como en muchas otras, me siento más próximo al budismo que al semitismo. Un animal me parece una desgracia viva, y si me dieran a elegir entre ser perro, gato, o un arroyo o una piedra, preferiría ser arroyo o piedra que animal. *[1941]* (DUVC, I)

Por los perros tengo, más que nada, compasión. Ese entusiasmo que tienen por un animal tan dañino como el hombre me da la impresión de poca inteligencia y de poco instinto. *[1941]* (DUVC, I).

[*D'Annunzio, Gabriele*] La gente aparatosa suele producir al principio cierto interés, luego nada. (...) Todo en él es repetición, epígono: la *beffa* contra los austríacos, la creación de los *arditi*, el principado de Montenovoso, el vestirse de fraile en su posesión de Il Vittoriale, el disparar un cañón en el parque de su finca, todo es tartarinesco. (...) Paul Verlaine, más limitado en su bistró de París, solo, harapiento y con un vaso de ajenjo delante, emociona más al mundo que el divo italiano. (...) Hay que tener una falta de sentido literario absoluta y de sentido psicológico para interesarse en la vida de todos esos divos tan vulgares, tan faltos de originalidad. A mí me parecen empalagosos. *[1945]* (DUVC, III, 222)

*

[*anticlericalismo*] Yo no tengo acerca de los curas una idea estilo *El Motín*; no creo que sean viciosos, mujeriegos, etcétera. Al menos en el País Vasco no lo son. Serán hipócritas, toscos, farsantes, amigos del mando; pero crapulosos, no. Sus defectos son los defectos del país y de los dogmas que defienden. *[1918]* (HS, 220)

*

[*anticonformismo*] Cuando el ambiente es antinatural y un tanto absurdo hay que convenir que el tipo no conformista es un necio e imputarle un fondo de extravagancia o de locura. *[1944]* (DUVC, I, 85)

*

[*apellidos*] Llamarse Manuel Rodríguez en España es como llevar un traje gris.

Rodríguez, Pérez, García o Sánchez no son buenas etiquetas para la popularidad. *[1941]* (OC, XV, 109)

Casi todos los corrientes españoles tienen, como las monedas, cara y cruz. Cara semítica y cruz cristiana. *[1944]* (DUVC, I, 60)

*

[*Apolo* versus *Dionisios*] Hay en nuestro corazón como dos fuerzas impulsivas: una, constructora, clara, apolínea, que intenta crear una obra separándola de la Naturaleza. Esta fuerza nos impulsa hacia la ciencia, hacia el arte; nos lleva a poner marco a las cosas para separarlas del cosmos ciego y dominado por la fatalidad.

La otra fuerza es la tendencia dionisíaca, pánica, que ansía fundir las cosas en el Gran Todo, romper los marcos y deshacer lo artificial para volverlo a naturalizar.

El Baco que llevamos dentro no gusta que su campo se acote, como no les gustaría si pudieran opinar de esta limitación de la Naturaleza al jabalí o al oso. *[1918]* (HS, 219)

*

[*Aragon, Louis*] Es un hombre alto, elegante, distinguido; parece mucho más joven de lo que debe ser. Tenía fama de comunista.

Era poeta y escritor, de un léxico torrencial.

Estuvo en la Casa de España de la Ciudad Universitaria, y me dijo que venía a oírme hablar, pero la verdad es que tomó la palabra y no me dejó a mí meter baza. *[1949]* (DUVC, VII, 243)

*

[*Aranzadi, Telesforo de*] Era un poco gebo, como dicen en Bilbao; pero gracioso y simpático, a pesar de su mal humor habitual. (...) Desde su primera monografía, *El pueblo euskalduna* (San Sebastián, 1889), hasta el momento de su muerte, ocurrida a comienzos del año 1945, Aranzadi trabajó incansablemente en la oscuridad. (...) Era verdaderamente un tipo don Telesforo. *[1947]* (DUVC, IV, 352) [*arbitrariedad*] A mí la arbitrariedad literaria me parece bien, porque puede ser, y casi siempre es, manifestación de versatilidad; ahora, la arbitrariedad política ya no me hace ninguna gracia, porque es más vulgar y es más interesada. *[1944]* (DUVC, I, 139)

*

[*aristocracia*] Desde la familia real, con su aire burgués, hasta el marqués pontificio, la aristocracia española es fundamentalmente ramplona. *[1918]* (HS, 270)

El hombre que se inventa una parentela ilustre y llega a pasarla como tal, es un aristócrata; toda la aristocracia ha empezado así, por un instinto de separación y de mentira. *[1920]* (CH, 83)

En la única aristocracia que creo algo es en la étnica. Un hombre o una mujer de tez clara, de cabeza bien hecha y de facciones correctas me parece siempre superior, de más categoría étnica que un tipo –sea hembra o varón– moreno, cetrino, contrahecho y con los ojos negros brillantes. Claro que si este último demuestra que vale más que el otro, lo reconoceré.

El porvenir debía ser para una aristocracia de raza y de talento. *[1936]* (OC, XIV, 1351)

*

[*arquitectura*] Yo creo que la arquitectura es un arte puramente social, un arte en el cual no influyen de buena manera ni los caprichos de los arquitectos, ni el afán de deslumbrar de los burgueses. *[1910]* (DA, 93)

El aspecto externo de las ciudades se ha modificado profundamente. Se han derribado calles típicas, se han echado abajo las murallas, se han abierto avenidas y plazas, no siempre con mucho sentido. Del reino de la piedra se ha pasado a la dictadura del cemento armado; de la dirección de los corregidores y de los canónigos, a la de los contratistas, negociantes y arquitectos partidarios de lo cúbico.

El cemento armado es una musa honesta y útil, y quizás en manos de un arquitecto genial sería admirable; pero cuando se desmanda y se siente atrevida, como una cocinera metida a cupletista, hace tales horrores, que habría que sujetarla y llevarla a la cárcel. *[1935]* (OC, XIV, 963)

*

[*arribista*] Así se da, en la República tanto como en la monarquía, el tipo del joven arribista que va, como los tiburones, escoltando el carro del Estado. Sueldos, comisiones, pensiones, becas, viajes... Allá está el hombre.

En el fondo, a todos estos jóvenes la cosa les parece natural, y con monarquía, con República, con socialismo y hasta con anarquismo, se quedarían con algo. Ellos consideran que el que no sigue su táctica es porque no puede, y si hay alguno que no quiere, es porque es un imbécil. *[1934]* (OC, XIV, 1308)

*

[*arte*] El arte está, naturalmente, dentro de la tradición. Hay mucho más arte en el seno del tiempo pasado que en el presente. Comunistas, socialistas y anarquistas, miran los productos del arte pasado con marcada antipatía. No quieren que en los tiempos actuales brote el artista, porque éste para ellos es un tipo de excepción en el fondo, aristocrático. *[1939]* (AH, 123)

Yo no sé si las obras de arte tienen algún objeto superior al artístico. Creo que no; detienen un momento, que ha existido en el mundo, lo hacen perenne y dan una ampliación de la vida. *[1941]* (DUVC, I, 134-135)

El arte es un lujo sin importancia para la vida social. *[1947]* (DUVC, IV, 211)

¿Qué importancia va a tener el arte en la vida? Yo creo que ninguna. Si la tuviera de verdad se verían los pueblos con grandes museos, como los más civilizados. Pero no hay tal. Si la civilización es la moral, la ciencia, los derechos del hombre, los pueblos del norte de Europa, con poca tradición artística, son mucho más civilizados que los del mediodía. *[1947]* (DUVC, IV, 211)

Todos los proyectos literarios y artísticos claros como normas para mejorar la moral del porvenir son un poco ridículos.
–Desde mañana ya no se emplearán gerundios.
–Se acabó el aceite de linaza o el amarillo de cromo.
La literatura y el arte le importa al mundo por lo que le distrae o le divierte, y tomar ese aire solemne y fiero al hablar de ellos es una ridiculez. *[1947]* (DUVC, IV, 213)

–Porque las obras de arte se hacen con sangre. [Solana]
–Yo creo que con sangre no se hacen más que morcillas. *[1947]* (DUVC, IV, 287)

*

[*articulistas*] Unos pedantes que querían lucirse diciendo tonterías desde su casa. *[1904]* (TA, 130)

*

[*artista*] ¡Qué *tabús* más ridículos ha inventado esa gente mediocre que se cree extraordinaria! Un buen pintor va a tener libertad para hacer cualquier brutalidad o cualquier porquería. Es absurdo. Se ha inventado el mito del artista y probablemente ahora hay gente que supone si no será más digno de consideración un pintor o una cupletista que el descubridor de una vacuna o de la penicilina. *[1947]* (DUVC, IV, 217)

*

[*austeridad*] ¿Esta austeridad es soportable en España? Yo creo que no. Predicar la austeridad en otros países está bien. Pero ¿aquí? ¿Por qué? Somos el pueblo del mínimum.

Mínimum de inteligencia, mínimum de vicios, mínimum de pasiones, mínimum de alimentación, mínimum de todo. Consumimos menos alcohol que ningún pueblo, menos tabaco que en ninguna otra parte. La estadística nos dice que el número de hijos ilegítimos en Madrid, en comparación de los pueblos de otras naciones europeas, es pequeñísimo; el número de suicidas, escaso. (...) Yo creo que un pueblo vicioso, un pueblo revuelto, es capaz de algo; un pueblo ñoño no es capaz de nada. *[1904]* (TA, 15-16)

*

[*autobiografía*] Una vida vulgar, contada con detalles y con sencillez, puede ser para mí amena y entretenida; en cambio, una vida llena de accidentes, explicada con una retórica pretenciosa, me parece aburrida e insoportable. *[1941]* (DUVC, I, 21)

Hay muy pocas vidas interesantes y novelescas. Las vidas más curiosas son, quizás, aquellas a las cuales la casualidad pone veladuras y oscuridades. La vida de lord Byron seguramente para él fue una vida mediocre y aburrida. *[1944]* (DUVC, I, 37)

*

[*autoridad*] Nadie se puede burlar claramente del que tiene posibilidades de meterle a uno en la cárcel *ipso facto*, como dicen los que quieren lucir algunas palabras de latín. *[1945]* (DUVC, III, 272)

*

[*avaricia*] El hombre no puede prescindir de nada cuando le

gusta, y naturalmente, no tiene ninguna generosidad. *[1920]*
(CH, 178)

*

[*aventura*] La Fortuna en nuestra época es una Fortuna con
seso, con libro de cuentas y con un cuerno de la abundancia muy
pequeño. A esto se debe la dificultad o casi imposibilidad de la
aventura. Las artes del aventurero están perseguidas. *[1935]* (OC,
XIV, 1069)

La aventura es algo como la gimnasia del espíritu. Meterse en
una aventura significa tener confianza en sus propias fuerzas,
sentirse capaz de salir triunfante de los peligros que toda empresa atrevida lleva en sí, demostrarse a sí mismo que no sólo tiene
confianza, sino certidumbre. Es decir, que la decisión del auténtico aventurero no está basada en un juicio ridículo y halagüeño
sobre su persona, sino en el conocimiento de su espíritu y de sus
nervios. *[1955]* (AP, 70)

*

[*Azaña*] No tenía nada de revolucionario, ni por ideas ni por
temperamento. Era un conservador, un ordenancista para ser
subsecretario o ministro en una Monarquía. Fue del partido de
Melquiades Álvarez. Escribía correctamente y con cierta elegancia y hablaba con claridad y bien. Luego la suerte le metió en la
vorágine de la revolución. El pueblo le tomó como héroe, de lo
que no tenía nada. (...) Su energía y su tesón eran una finta. Desde el principio se vio que estaba vencido y deshecho. En su caso
se engañaron el público y él.
Fisiológicamente se veía que no tenía energía. Era un hombre blando, incapaz de medidas rápidas y eficaces. Un legalista, pero un legalista no sirve para una revolución. *[1947]* (DUVC,
I, 82)

Hombre para ser profesor en un instituto. *[1955]* (AP, 10)

                                        *

[*Azkue, Resurrección María de*] Un curita vascófilo de estos
que sirven de moscas carnarias del vascuence. *[1918]* (HS, 63)

                                        *

[*Azorín, Antonio*] Hágala o no la haga, para mí Azorín siempre será un maestro del lenguaje y un excelente amigo, que tiene la debilidad de creer grandes hombres a todos los que hablan
fuerte y enseñan con pompa los puños de la camisa en una tribuna. *[1917]* (JE, 127)

Fue la única persona generosa con los demás escritores de su
tiempo. Sin embargo, Fuentes, Valle-Inclán, Palomero, Ruiz Contreras y la mayoría de los periodistas pintaban por entonces a
«Azorín», que ha sido siempre un cándido, como un hombre
atravesado. ¡Qué mixtificación más cómica del reino de la mentira literaria! Es convertir a una persona en el chivo emisario.
[1945] (DUVC, III, 80)

Está muy bien, pero es muy poco novelista. No le gusta el
misterio ni lo dramático, huye de todo ello, y parece que su ideal
es lo estático y la desilusión de la vida ante una luz clara. *[1945]*
(DUVC, III, 211)

Hombre de gran probidad intelectual, dentro de sus cambios.
[1945] (DUVC, III, 233)

[*Bagaría, José*] Era un caricaturista que tendía a lo conceptuoso y a lo monstruoso, (...) original con una imaginación barroca y con una gracia desgarrada (...). Era de los que creían tener un derecho especial para gastar en grande. *[1947]* (DUVC, IV, 314)

*

[*baile de máscaras*] A estos bailes había que ir con la pareja contratada, casi con un contrato en regla, porque si no, no se encontraba a nadie, más que algún monstruo sin figura femenina con quien bailar y convidar a cosas delicadas como una ración de callos o un pedazo de bacalao. *[1918]* (HS, 251)

*

[*Balzac, Honoré de*] La pesadilla, el sueño de una noche de indigestión, la frialdad, la penetración, la estupidez, el delirio de grandeza, la quincalla, la estafa, el mal gusto. Por su fealdad, por su genio, por su inmoralidad es el Dantón de la tinta de imprenta. *[1917]* (JE, 78-79)

*

[*bandería*] El que no está con nosotros está contra nosotros, dicen, o por lo menos lo piensan, los que militan en uno y otro bando, y la intransigencia práctica aumenta. No hemos hecho en España listas negras; pero virtualmente las hay. *[1917]* (NTA, 177)

Los hombres de bandera distinta se odian, como los perros,
por el olor, por el instinto, por lo que sea. *[1939]* (AH, 94)

*

[*bandido*] Yo no tengo inconveniente en admirar a un bandido. Entre un bandido y un gran comerciante, yo casi prefiero al
bandido. El uno roba en el camino real y el otro roba con el
libro de cuentas. *[1910]* (DA, 93)

*

[*baraja, jugadores de*] Eran martilladores de palabras oscuras,
inteligencias hundidas en la más obstinada estupidez, y en cuyos
cerebros ya nunca había de ser posible el hilvanar un raciocinio
elemental. *[1944]* (DUVC, II, 173)

*

[*barbarie*] Nuestra sociedad es todavía bárbara, y hay que
perfeccionarla, cuanto antes mejor. Que es bárbara está en la
conciencia de todos; una sociedad que necesita del cura, del militar, del verdugo, del título nobiliario, de la cárcel y de la horca,
es una sociedad primitiva, embrionaria y absurda. En el fondo
estamos en plena Edad Media. *[1917]* (NTA, 21-22)

Nosotros no tenemos en España un enemigo, sino dos; los
blancos y los rojos, que cada cual a su manera quiere hacer nuestra completa felicidad metiéndonos en la cárcel. *[1939]* (AH, 54)

Se ha llegado a mirar con indiferencia la vida humana, naturalmente la vida ajena, porque la propia es imposible mirarla de
ese modo. Los rojos han inaugurado un terror sin ejemplo y los
blancos simultáneamente han seguido el mismo camino. La vida
humana ya no tiene valor.
Tanto hablar del derecho del hombre, de la mujer y del niño,

unido a la excelsitud de la raza blanca predicada por los sabios alemanes, nos había hecho creer hace años que éramos una cosa seria y respetable, pero estas revoluciones, y antes la Guerra Mundial, nos han ido convenciendo de que no somos nada, de que se nos puede encerrar, apalear y fusilar impunemente, y de que no tiemblan por eso las esferas.

Si siguen así, nos van a cubicar por toneladas y la carne de persona va a valer menos que la de ternera o la de cerdo. *[1939]* (AH, 147-148)

¡Qué horrores! Tantos años y tantos siglos de predicaciones de bondad, de caridad, de fraternidad, y el hombre sigue tan bruto y tan cruel como en la Edad de Piedra. Los discursos, las amonestaciones, las exhortaciones, no han servido para nada. Si el hombre no encuentra alguna penicilina especial que le mitigue sus instintos brutales, seguirá fusilando y matando y quemando con gases asfixiantes a los que no piensen como él o a los que tengan la nariz más corta, o el pelo más rojo o más negro. No puede haber esperanza ninguna. Únicamente la química o la biología puede que den algún remedio a la brutalidad humana. *[1949]* (DUVC, VII, 252)

*

[*barbarie* versus *crueldad*] No son exactamente lo mismo. La barbarie puede ser la fiereza, que no toma en cuenta los males ni el dolor que produce con tal de llegar a un resultado. La crueldad es la complacencia en el dolor ajeno, el placer de ver sufrir al prójimo.

La barbarie es una consecuencia de un estado moral poco desarrollado, de una sensibilidad y de una cultura imperfecta. Barbarie, brutalidad, vandalismo, tendencia a la destrucción, son conceptos parecidos. La crueldad es más bien una disposición patológica de ánimo para hacer sufrir a los demás, lo que se llama por los médicos sadismo. *[1935]* (OC, XIV, 1317-1318)

*

[*Barga, Corpus*] Era un joven alto y rubio, de ideas un tanto subversivas (...). Tenía un aire un poco decadente de pollo de la burguesía (...). Creo que de lo que ha escrito Corpus Barga se podría sacar con el tiempo uno o dos volúmenes de crónicas y de artículos amenos (...). Nunca tuvo política literaria (...), ha dicho lo que le parecía; unas veces de un modo y otras de una manera insensata. *[1947]* (DUVC, IV, 191-196)

*

[*Bargiela, Camilo*] Tenía la preocupación de ser elegante (...). Era hombre tímido, que quería pasar por terrible, con unos bigotes negros, amenazadores, y la cara cetrina. (...)

Llevaba unos pantalones destrozados, de los que no le quedaban más que los tubos, que los sujetaba con unas cuerdas al cinturón. Nosotros a los pantalones destrozados les llamábamos *pantalones Bargiela*. A pesar de su indumentaria, no precisamente de un dandy, ni mucho menos, aparentaba tener confianza en sí mismo y quería pasar por un conquistador. *[1947]* (DUVC, IV, 115-116)

Se dijo en los periódicos gallegos que Bargiela era el verdadero autor de una novela titulada *La casa de la Troya*, que llegó a alcanzar mucho éxito, y se le glorificó por sus paisanos como hombre audaz y calavera, de lo cual creo yo no tenía nada. *[1947]* (DUVC, IV, 396; véase *bohemia*)

*

[*Barrantes, Pedro*] Por su tipo le hubiera caído mejor un hábito de fraile que una chaqueta (...). Era valenciano. Al principio debió de aparecer como escritor anticlerical y a lo satánico; luego se hizo místico y tuvo la protección de algunos periódicos religiosos y, por último, pasó a ser el testaferro del periódico republicano *El País* e iba a la cárcel cuando denunciaban a este diario. (...) Escribió varias poesías y publicó un volumen titulado nada menos que *Delirium Tremens*. Su musa cantaba la desesperación, el puñal, el alcohol, la guerra, la pólvora y la dinamita. *[1947]* (DUVC, IV, 110)

*

[*Bayo y Segurola, Ciro*] Era un viejo hidalgo quijotesco, un poco absurdo y arbitrario. (...) En América vivió como un aventurero: hoy, aquí, y mañana, allá, ganándose la vida de periodista y de maestro de escuela (...). Él mismo reconocía su arbitrariedad y el ser partidario del favoritismo y de la injusticia. (...) Despreciaba a los escritores; no quería ni verlos, vivía aislado. (...) Este viejo amigo fantástico, a quien tenía afecto.

Yo no he visto hombre más arbitrario en sus ideas y en su trato que don Ciro. *[1947]* (DUVC, IV, 119-133)

*

[*Bécquer, Gustavo Adolfo*] En la segunda mitad del siglo XIX, es el poeta más auténtico de España, y sin embargo y de vivir en la miseria, no tuvo protección oficial. Entre sus contemporáneos, hubo una tendencia a desprestigiarlo, a considerarlo como escritor de un sentimentalismo vulgar. Sus *Rimas* eran suspirillos germánicos, decía Núñez de Arce, que era un versificador seco y acartonado. *[1943]* (OC, XV, 255)

*

[*benevolencia*] Hay que tener como táctica el título de una comedia de Shakespeare: «Medida por medida». *[1947]* (DUVC, IV, 293)

*

[*Bernard, Claudio*] Es de esas magníficas cabezas que se han dado en ese admirable siglo XIX.

No hay otro en la medicina moderna que se pueda comparar a él. (...)

El libro de Claudio Bernard no creo que haya sido suficientemente estimado en el mundo científico. (...) Naturalmente, no gusta al médico que tiende a ser mago. Y de esta clase hay muchos que quieren creer que no es la medicina lo trascendental, sino que lo trascendental son ellos. *[1947]* (DUVC, 325; véase *Letamendi*)

*

[*beso de Judas*] A mí no me importa mucho que hablén mal de mí; pero leer un insulto y recordar una sonrisa, no es muy grato; da una impresión triste del hombre. (...)

Contradictorios, todos lo somos, poco o mucho; pero no es lo mismo ser contradictorio que tener doblez. *[1934]* (OC, XIV, 1171)

*

[*bibliófilos*] Capítulo curioso de los bibliófilos es su piratería; hablando sin eufemismos, su tendencia al robo. Don Bartolomé José Gallardo, gran bibliófilo, era el José María el Tempranillo de las bibliotecas. (*Intermedios*, OC, XIV, 306)

Es, por naturaleza, un bicho raro. *[1945]* (DUVC, III, 53)

*

[*biblioteca*] Casi todos los escritores que tienen su pequeña biblioteca, con los libros ordenados, con anotaciones, casi todos hacen su camino en la vida. *[1917]* (JE, 65)

*

[*bizkaitarras*] Estos tradicionalistas no quieren más tradición que la que a ellos les conviene: la de convertir el País Vasco en un pequeño feudo del Papa. *[1934]* (OC, XV, 25)

*

[*bizkaitarrismo*] Para un verdadero vascongado es una farsa. (...) Hoy el espíritu lacayuno y dulzón de los jesuitas manda en Vasconia. El padre Coloma, ese jerezano de tipo agitanado, unido a los demás Pérez del jesuitismo, dirigen la campaña bizkaitarra. (...) La región vasca es hoy baluarte del ultramontanismo (...). El bizkaitarrismo y el carlismo, extendiendo la acción católica por el país, han matado al pueblo vasco. En las aldeas han acabado con la blandura natural de los campesinos, han secado su imaginación, les han llenado de malos instintos, han suprimido sus fiestas. En las ciudades les han llevado esas ambiciones antipáticas de ser aristócratas, de firmarse con de, de armarse caballeros y demás cursilerías; les han inoculado una tendencia tradicionalista y nacionalista que no había existido nunca entre los vascos, y han hecho que se forme una separación bárbara de clases, que las mujeres vivan separadas de los hombres; han acabado con todo lo que era simpático en el país. *[1917]* (NTA, 118)

El bizkaitarrismo y el euskarismo son hechuras de Loyola.
Los vascófilos –yo no digo todos– han inventado desde hace tiempo una porción de mentiras. *[1918]* (HS, 46; véase *ultramontanismo*)

Si el mítico padre Aitor renaciera de sus cenizas es posible que dijera, mirando las cabezas piriformes de los redactores de *Euzkadi:*
–Por Urtzi y por Araos (divinidades de los antiguos vascos). ¿Quiénes son estos cretinos apostólicos y romanizados que se consideran mis representantes? ¿Qué clase de país es ese que ahora llaman *Euzkadi?* *[1918]* (HS, 63)

*

[*Bilbao*] En Bilbao, como en todo el País Vasco, echan más chispas las chimeneas que el espíritu de los hombres. *[1918]* (HS, 60)

45

*

[*Blasco Ibáñez, Vicente*] *La horda,* de Blasco Ibáñez, pensada a base de una idea falsa, es una imitación de estos libros míos, fabricada en frío. Quiere ser un copo de lo pintoresco de los alrededores madrileños, pero tiene el aire industrial y vulgar de casi todo lo escrito por el novelista valenciano. *[1933]* (OC, XIV, 1023)

Evidentemente es un buen novelista; sabe componer, escribe claro; pero para mí es aburrido; es un conjunto de perfecciones vulgares y mostrencas que a mí me ahoga. Tiene las opiniones de todo el mundo, los gustos de todo el mundo. Yo, a la larga, no lo puedo soportar. *[1945]* (DUVC, III, 210-211)

Sobre nosotros cayó Blasco Ibáñez como una bomba y enseguida pretendió dominar la conversación y decir la última palabra sobre todo. Vestía un traje claro, sin chaleco, cinturón rojo y sombrero de paja. Era ya hombre voluminoso, de vientre abultado.

Blasco había hablado por la mañana o por la tarde en un mitin republicano, haciendo líricamente la apología de la República, y por la noche nos dijo con sorna que la República sería el régimen de los taberneros, de los zapateros de viejo y, sobre todo, de los maestros de escuela. Según él afortunadamente no vendría nunca a España.

A mí me pareció la duplicidad de atacar por la noche, en privado, lo que defendía por el día, en público, algo sin ningún objeto. (...)

Se me dirá que no he visto en Blasco más que los lados malos. Son los que advertí en él como persona. (...)

En estas cuestiones de publicación de libros era un águila. *[1947]* (DUVC, IV, 1177-189)

*

[*bohemia*] No sólo es falsa la bohemia, sino que es vil. Es como una pequeña secta cristiana de menor cuantía hecha para uso de desarrapados de café. *[1917]* (JE, 125)

46

Es casi siempre antisentimental y poco enamoradiza. (...)

Con la amistad del bohemio sucede como con el amor. El bohemio es poco afectuoso. No se cruzan impunemente esos desiertos de la indiferencia y el abandono, no se siente el rostro azotado por el viento de la áspera miseria sin que germinen en el fondo del alma cóleras y rabias; no se sufre el frío del invierno y los caprichos de la primavera sin rechinamientos interiores. (...)

A pesar de su antisentimentalismo, el bohemio no es práctico. Proyecta mucho, pero no pasa de ahí. Quiere ser, quiere llegar, quiere encontrar el atajo, el camino rápido, aunque sea tortuoso. (...)

No sólo es vanidoso, sino que es ególatra, siente admiración por sí mismo.

Se ve humilde, desdeñado y solo, va casi siempre gozando con su desgracia interior; si está enfermo o triste, llega también a gozar. Hay esos placeres paradójicos y malsanos en los fondos turbios de la personalidad humana. (...)

¡Y qué vidas! ¡Qué vidas más pobres! ¡Qué vidas más míseras! (...)

Al pensar en muchos de aquellos tipos que pasaron al lado de uno, con sus sueños, con sus preocupaciones, con sus extravagancias, la mayoría necios y egoístas; pero algunos, pocos, inteligentes y nobles, siente uno en el fondo del alma un sentimiento confuso de horror, de rebeldía y de piedad. De horror por la vida, de tristeza y de pena por la iniquidad social. *[1945]* (DUVC, III, 73)

*

[*Bonafoux, Luis*] Era (...), para mi gusto, el mejor periodista español del tiempo, hombre con un fondo moral grande y, al mismo tiempo, rencoroso y sañudo. (...) Hombre de gracia. La tenía escribiendo y la tenía hablando. *[1945]* (DUVC, III, 236 y 354)

*

[*bondad*] El que en un animal cruel, egoísta, petulante como el hombre o la mujer, que es casi igual, pueda darse la bondad, me parece un milagro, y se da, es evidente, en pocos casos, pero se da. Esto es tan extraordinario que le deja a uno sorprendido y absorto. *[1949]* (DUVC, VII, 20)

*

[*Bruant, Arístides*] Era poeta de cabaret aparatoso, populachero, con un socialismo un poco cursi. *[1945]* (DUVC, III, 141)

*

[*burocracia*] Hoy todo el mundo pretende vivir del Estado y tener un destino. Llegará el tiempo en que los españoles se dividirán en una casta superior de burócratas y en otra inferior de trabajadores, principalmente de la tierra, y a esto habrá contribuido el socialismo. *[1934]* (OC, XIV, 1244)

Esa burocracia de los países latinos es antipática; parece que está establecida únicamente para vejar al público. *[1945]* (DUVC, III, 93)

*

[*burócratas*] En nuestro tiempo, entre comunistas y fascistas, hay una gran simpatía por los burócratas, y un fondo de animosidad contra los que no lo son. *[1947]* (DUVC, IV, 269)

*

[*busca, la*] Madrid está rodeado de suburbios en donde viven peor que en el fondo de África un mundo de mendigos, de miserables, de gente abandonada. (...)
He visto mujeres amontonadas en las cuevas del Gobierno Civil y hombres echados desnudos al calabozo. He visto golfos

andrajosos salir gateando de las cuevas del cerrillo de San Blas y les he contemplado cómo devoraban gatos muertos.

He visto asilos que son la parodia más terrible de la caridad; hospitales en donde los enfermos mueren abandonados.

Y no he visto a nadie que se ocupara en serio de tanta tristeza, de tanta lacería. ¿Es egoísmo monstruoso o es olvido? No sé. Sólo sé que entre los miserables y los poderosos hay una muralla tan alta que los unos no se enteran de lo que hacen los otros.

Y cuando los ricos se enteran quieren que los pobres sean héroes o santos, no para admirarlos, que sería lo lógico, sino solamente para ocuparse de ellos. Es demasiada pretensión. (...)

Arriba está la indiferencia, abajo el odio. (...)

No, esa indiferencia ni es humana, ni es justa, ni es siquiera prudente. Quizás una clase poderosa pudo creerse en pasados tiempos hecha de distinta pasta que los demás mortales, pero esta plutocracia hoy imperante, esta oligarquía que no es de los más hábiles, sino de los más adaptables, no tiene ni siquiera el pretexto de su inconsciencia; sabe, cuando aplasta, lo que hace, pero no tiene inconveniente alguno en hacerlo. *[1903]* (OC, XVI, 1141-42)

C

[*caballero*] El caballero no tiene la importancia del santo ni mucho menos, pero ha sido el tope máximo de los países del oeste europeo. Al menos, en la edad contemporánea. De ahí no se ha podido pasar. A la mayoría nos parece suficiente. Ahora la idea del caballero irrita, molesta, humilla al hombre del centro y del este de nuestro continente. Lo encuentran una cosa ridícula, ofensiva, creada por una burguesía amanerada.

El caballero español y el francés son para ellos algo arcaico, de museo; pero el caballero inglés, el *gentleman,* existe aún, tiene fuerza y confianza en sí mismo y en su honor, cree en sus dogmas y en lo invencible de su marina. Y esto no lo pueden aguantar los centroeuropeos. Mr. Picwick es un caballero de la misma clase que Don Quijote. Cree en la virtud, en la inocencia, en el honor, en la fuerza de su brazo. Esto parece intolerable a los euroasiáticos. Hay que darle un golpe traidor al que se cree caballero. *[1955]* (OC, XVI, 190)

*

[*caballerosidad*] En una sociedad tranquila, pacífica, sin peligros colectivos, todavía puede haber algunas prácticas caballerescas; pero en pueblos revueltos, divididos, con grandes masas comunistas y fascistas, ¿qué sentimiento del honor va a quedar? ¿Quién se va a fiar de nadie? ¿Quién va a creer en la palabra de otro? ¿Quién va a confiar en la amistad y a defender la inocencia? En países donde se asegura que la delación es un acto meritorio, ¿quién va a pretender tener una actitud noble y valiente? *[1955]* (AP, 192)

*

[*Cabrera, Ramón*] Era un hombre cruel en frío, con una inteligencia clara. Había sido seminarista y tenía el furor de todos los cabecillas que salieron de esas fábricas de curas. *[1935]* (OC, XIV, 1319)

*

[*café*] A mí me parece poco amena la existencia del hombre del café. Sería muy amena tratándose de gente que buscara el entretenimiento en la conversación o que se reuniera para hablar de sus asuntos profesionales; pero solamente para exhibir la cólera, la envidia y la mala intención, es algo ridículo. *[1944]* (DUVC, I, 121)

*

[*cambiar*] Así como los políticos tienen la aspiración de aparecer constantes y consecuentes, los literatos y los artistas tenemos la aspiración de cambiar.

Ojalá esta segunda aspiración fuera tan fácil de conseguir como la primera.

¡Cambiar! ¡Evolucionar! ¡Tener una segunda personalidad distinta de la anterior! Eso sólo les es dado a los genios y a los santos. Así, César, Lutero, san Ignacio, tienen dos vidas distintas, o quizá mejor, una vida con un anverso y un reverso. *[1917]* (JE, 44)

*

[*campesino*] No hay ninguna ley, ni física, ni metafísica, ni matemática, que obligue por necesidad a que el hombre del campo sea un idiota, ni a que la mujer también del campo tenga que oler a ajo. *[1902]* (OC, XIII, 144)

Desde el punto de vista moral, la gente del campo es, naturalmente, fanática, de espíritu estrecho y sin benevolencia. El campesino ni tiene ni puede tener una moral suave y dulce; por el contrario, es hombre de inquinas profundas, amigo del chisme y de la murmuración. *[1918]* (HS, 156)

*

[*campo*] Es armonizable vivir en el campo, leer libros, periódicos, tener sociedad y vivir como civilizado, lo prueban los ingleses, los franceses y los alemanes: toda la gente del norte. *[1902]* (OC, XIII, 145)

El campo es como un fondo al que hay que ir animando con las representaciones propias. El que tiene una vida interior intensa puede vivir en el campo, el que no la tiene ni la necesita, también se acomoda a gusto; en cambio, el que tiene una semivida espiritual es el que se encontrará peor en la soledad del campo. Ese tipo banal de la ciudad que se cree inteligente, porque repite los conceptos del artículo del periódico y se cree chistoso porque sabe los chistes de sainete de moda, ése se encuentra sin apoyo en medio de la naturaleza. *[1918]* (HS, 154)

Cuando Rousseau habla en el *Emilio* de cómo le gusta el campo y cómo quisiera que fuese su casa, se ve que habla el hombre que ha vivido en parques y en jardines, hombre para quien la naturaleza se parece a una pintura de Boucher y de Fragonard. *[1918]* (HS, 155)

Fuera del terreno literario, los que han llevado el campo a los madrileños han sido: primero, los obreros gallegos y asturianos; luego, los alemanes; después, la Institución Libre de Enseñanza. Últimamente han influido también los socialistas. (...)
Hoy los pueblos españoles a quienes antes se llamaba ausentistas y eran poco campestres, y entre ellos Madrid, se han hecho rabiosamente entusiastas del campo, y hay en todas partes alpinistas, naturistas, montañistas, *mendigoizales*, esquiadores y otros nombres que deben indicar ciertos matices deportivos que yo no conozco apenas. *[1934]* (OC, XIV, 1090)

*

[*Campoamor, R. de*] Afirmó que las doctrinas de Darwin eran de un mozo de mulas. Este buen hombre, el autor de las *Doloras*, creía que sus aleluyas y sus versitos de pastelería eran de mucha más trascendencia que el transformismo. *[1918]* (HS, 187)

*

[*carácter*] Todos los impulsivos y los serenos estados encerrados en nuestro temperamento, somos limitados, y nuestra limitación va desde el blastodermo hasta la muerte. *[1935]* (OC, XV, 102)

Una buena idea de sí mismo es la base de muchas superioridades del mundo: de las sociales, de las artísticas y de las literarias. Lo primero que hay que tener es confianza en uno y en sus condiciones, tanto en las verdaderas como en las falsas. Valen tanto las unas como las otras. *[1941]* (DUVC, I, 57)

Mucha gente, la mayoría, identifica el carácter con las fórmulas de cortesía, y a un hombre que las emplee con frecuencia y hable de «su querido amigo» y tenga la costumbre de preguntar a cualquiera por su familia, se le considera como un hombre afectado y amable.

Es el espejismo de los meridionales. Esto no le impide al hombre lleno de fórmulas de cortesía reñir con el que ayer llamaba amigo querido y hacerle la guerra de cualquier manera y con malas artes. *[1944]* (DUVC, I, 61)

Creo que se debe uno basar en sí mismo, con sus imperfecciones y sus torpezas, y ver de elevarse con ellas. *[1947]* (DUVC, IV, 19)

*

[*caridad cristiana*] En un artículo de un fraile de Lecaroz, en que habla de mí y protesta porque he dicho que el padre Coloma (...) era un adulador de la aristocracia –y yo creo que lo era–, el fraile dice, dirigiéndose a mí: «A este paso, cuando usted se muera, habrá algún desdichado que diga que fue usted un adulador del clero».

No voy a impugnar las palabras de este fraile poco sagaz, que no ve las intenciones, sino a señalar lo piadoso y lo franciscano de este «cuando usted se muera». *[1933]* (OC, XIV, 1264)

*

[*carlismo*] No creo que desde ningún punto de vista se pueda considerar como una actitud romántica, sino más bien como una postura clásica degenerada y amanerada. (...)

No tenía condiciones para ser romántico. Sus postulados generales eran la legitimidad y la intolerancia religiosa. *[1935]* (OC, XVI, 1330-1355)

*

[*Carlyle, Thomas*] Era un germanófilo exaltado y violento, un racista, un enemigo de la democracia y un espíritu latino (...), la divinización de la masa considerada como la única forjadora del destino de los pueblos le irrita. Él se siente superior, cosa que se puede perdonar. Su orgullo, la idea grande que tiene de sí mismo, le hace creerse héroe, el héroe que representará en las generaciones futuras al escritor veraz del siglo XIX, que, como un san Jorge, lucha con un dragón alimentado de mentiras y falsedades y lo vence. (...) Unido a ese fondo aristocrático y soberbio, Carlyle tenía una gran elocuencia y una retórica original. *[1943]* (OC, XV, 230-231)

Parece que Emerson fue amigo de Carlyle y es evidente que algo se parecían, aunque se diferenciaban en mucho, porque Carlyle es como el predicador puritano fanático y apocalíptico, y Emerson es más oportunista. *[1947]* (DUVC, 156)

*

[*carnaval*] El Carnaval es, o por lo menos ha sido, la fiesta más completa de los hombres. Lo tiene todo: la risa, la barbarie, el disimulo, el miedo, la inquietud y la perfidia humana. Hay en él posos de sentimientos ancestrales, totémicos, que se remontan a las épocas más lejanas. *[1936]* (OC, XIV, 1133)

El Carnaval ha sido en nuestro tiempo un producto de misterio, de superstición, de individualismo, de diferencia de clases, de ironía y de venganza. No puede subsistir en un régimen moderno socialista en donde el espíritu pretende ser docente, lógico y moralizador y la policía severa. El Estado no va a dejar que por unos días o por unas horas las gentes se entreguen a la libertad y a la impunidad (...) tiene algo del gran Pan. Al enterrarlo y hundirlo en la oscuridad, no se hunde para siempre en el olvido a Baco y a Momo (...) lo que se hunde en el fondo de la historia y del silencio es una de las fantasías más irracionales y absurdas, pero más vitales de la humanidad. [...] (OC, XV, 265)

*

[*Carranque de Ríos, Andrés*] Es un hombre fantástico y de aficiones vagabundas (...). Ha sido ladrillero y albañil, ebanista y barnizador de muebles, ceramista y fogonero de barco. Nosotros le hemos conocido en un avatar de cineasta. Carranque hacía un tipo sombrío en la película *Zalacaín el aventurero*. Carranque tomaba un aire siniestro. Alto, quijotesco, moreno, con un bigote delgado como trazado con un tiralíneas, se presentaba con un aire de hombre fatal. Carranque y los demás cineastas se llamaban unos a otros los «caimanes». No sé a punto fijo el matiz que tenía esta palabra entre ellos. Nada menos fatal, menos siniestro que Carranque; pero a Carranque le gusta presumir de hombre avieso. Cuando actuó de anarquista a raíz de la muerte de Dato, firmó un manifiesto en el que preconizaba el atentado personal. Por este manifiesto Carranque fue preso y pasó varios meses en la cárcel. *[1934]* (OC, XVI, 556-57)

*

[*Casas, Ramón*] Era hombre de condiciones, que dibujaba muy bien y tenía poco sentido psicológico. Algunos dicen que el sentido psicológico sobra en los pintores. Puede que sea cierto. Sin embargo, influido por sus amigos, Casas había hecho cuadros que, por su asunto y por su ejecución, tenían interés novelesco, como el de un agarrotado en Barcelona y algunos otros. *[1947]* (DUVC, IV, 266)

*

[*Castelar*] Un hombre nacido con unas condiciones extraordinarias para ser escritor; pero las desaprovechó, las derrochó. Le faltaba lo que ha faltado a la mayoría de los españoles del siglo XIX: decoro. *[1917]* (JE, 151)

*

[*castellano*] ¿Los castellanos violentos? (...) Si se dijera que los castellanos están en su mayor parte dormidos, ateridos por la miseria; que no tienen fuerza para levantarse, se diría la verdad. ¡Pero decir que son violentos! Es absurdo. Dentro de su pobreza se ve en los castellanos un deseo de levantarse, de civilizarse (...). No; ni individual ni colectivamente son los castellanos enemigos del forastero ni violentos. Su furia es a veces desesperación y hambre, pero en general tiende más a la desesperación que a la pelea. *[1910]* (DA, 98; véase *catalanistas* y *separatismo*)

*

[*Castro, Fabián de*] El gitano de París era, o es, bastante malo como pintor, y sin embargo tenía entusiastas y admiradores. Fabián de Castro creía que los gitanos eran egipcios y había hecho un cuadro en donde había unas pirámides, dos egipcios de zarzuela y el arquitecto que daba una llave al faraón. El gitano creía que cada pirámide tenía su llave, como los cuartos de los hoteles de París. Nos enseñó la fotografía de su cuadro en un café.

–¿Y qué es esto? –le preguntó Arriarán con cierta sorna.

–Esto es una corrida de toros –replicó el gitano con mucho desdén. *[1947]* (DUVC, IV, 226)

*

[*catalanistas*] Aseguran que Cataluña no tiene nada que ver con España, que es un país con otra raza, con otras ideas, con otras preocupaciones, con otra constitución espiritual.

Por diferenciarse, encuentran los catalanistas una porción de contrastes étnicos, psicológicos y morales entre catalanes y castellanos. Son los castellanos individualistas, los catalanes son colectivistas; son los castellanos fanáticos, los catalanes, tolerantes; son los castellanos místicos y arrebatados, los catalanes son prácticos. Yo nunca he visto estas oposiciones ni estos contrastes, y no digo esto como patriota, sino como un hombre más o menos observador. *[1910]* (DA, 88)

*

[*catolicismo*] Como disciplina moral, no creo en el catolicismo. Yo, prácticamente, no me fío más en el católico fervoroso que en el hombre de poca religión. (...)

Desde un punto de vista cultural el catolicismo es una fatalidad, porque el catolicismo español, y sobre todo el vasco, no es el catolicismo yanqui, ni el alemán, ni el francés, ni el romano, es el catolicismo exasperado que forma el cuadro. Los pueblos vascos viven en plena teocracia, el cura interviene en todo. La gente cree que el párroco puede mandar, y como los alcaldes en general son pobres diablos, mandan de hecho. (...)

–Usted cree que de todo tiene la culpa el cristianismo.

Y es cierto. (...) Si no hay escuelas y la gente no sabe leer es porque el cura les convence de que la verdad está en rezar y no en leer; si las alcantarillas están sucias y hay enfermedades, es porque el cura les ha convencido de que sólo Dios da y quita los males; si la gente no es capaz de dar un céntimo para cosas del Municipio, es porque todos sus ahorros los gasta en la iglesia en escuchar el latín de cocina de los clérigos.

Cuando alguna vez las luces eléctricas del pueblo se apagan, yo siempre lo achaco al catolicismo. Los que me oyen creen que hablo en broma; pero no, lo creo así. En un pueblo de dos o tres mil almas debía haber, por lo menos, quince, veinte, treinta personas que leyeran de noche y otras tantas que estuvieran en un casino, y todas ellas tendrían interés grande en que no se apagara la luz. *[1918]* (HS, 220 y ss)

El catolicismo actual se presta maravillosamente a la broma. Sus cristos que sudan y mueven los ojos, sus santos fetiches a los que se les piden recomendaciones para tener una novia rica y para que le toque a uno la lotería dan pasto abundante a la risa. *[1920]* (CH, 28-29)

El catolicismo da la impresión de que ha tenido que subvertir la esencia del espíritu cristiano auténtico, primitivo, para hacerlo social. El catolicismo y el protestantismo se han tenido que apoyar en el espíritu judío, legalista, del Antiguo Testamento más que en la piedad difusa y poética del Evangelio. *[1933]* (OC, XIV, 1258)

*

[*Cavia, Mariano de*] Se le encontraba mucho más fácilmente en las tabernas con su escudero García, que no le abandonaba. También solía andar con unos jovencitos sospechosos, algunos con un aire verdaderamente inmundo. *[1945]* (DUVC, III, 291)

Era un tipo chillón, procaz, que armaba escándalos en todas partes e insultaba a la gente. Como Dicenta, tenía fuero especial para hacer lo que le daba la gana: se emborrachaba, gritaba, insultaba, y todo el mundo mostraba un respeto por él como si fuera un fetiche. *[1945]* (DUVC, III, 350)

*

[*Céline, Louis Ferdinand*] Es un francés morboso, exagerado, desagradable y de mal gusto manifiesto. *[1949]* (DUVC, VII, 225)

*

[*Cendrars, Blaise*] Es un hombre simpático, a quien le queda un remanente de ex modernista que le hace tener opiniones un tanto exageradas (...); da en sus libros más impresión de poeta que de novelista (...). Es naturalmente exagerado e hiperbólico, entusiasta de lo moderno, de lo violento, de una manera un poco deliberada (...); tenía admiración por lo duro, por lo cruel, por lo rápido y por lo audaz. *[1949]* (DUVC, VII, 244-247)

*

[*cerrazón*] Desgraciadamente nos encontramos en una época en la que no se quiere razonar ni atender al pensamiento del prójimo.

Cada cual se encierra en sus doctrinas, en sus simpatías, sin escuchar al vecino. «Yo no creo en las discusiones y polémicas de ingeniosidades y de frases, pero si cada cual se encierra en su doctrinarismo o en su utopía sin echar una mirada curiosa al espíritu del que está cerca, vamos a pasar o, mejor dicho, van a pasar, los que vengan, períodos muy negros, más que nada, por estupidez e incomprensión. Aunque racionalmente tenga uno la sensación un poco pesimista, del porvenir próximo, siempre se espera algo.»

Esto decía yo al final del discurso de ingreso en la Academia. Naturalmente, no iba a decir que mi sensación era muy pesimista y que no esperaba nada. *[1944]* (DUVC, I, 180)

*

[*Cervantes, Miguel de*] Es para mí un espíritu poco simpático; tiene la perfidia del que ha pactado con el enemigo (la Iglesia, la aristocracia, el Poder) y lo disimula; filosóficamente, a pesar de su amor por el Renacimiento, me parece vulgar y pedestre; pero está sobre todos sus contemporáneos por el acierto de una invención, la de Don Quijote y Sancho, que es en literatura lo que el descubrimiento de Newton es en física. *[1917]* (JE, 76)

*

[*ciencia*] En la esfera religiosa, en la esfera moral, en la social, todo puede ser mentira; nuestras verdades filosóficas y éticas pueden ser imaginaciones de una humanidad de cerebro enloquecido. La única verdad, la única seguridad es la de la ciencia, y a ésa tenemos que ir con una fe de ojos abiertos. *[1910]* (DA, 106)

La ciencia lleva camino de consumir al hombre, de quitarle todas sus ilusiones y sus defensas sentimentales; el hombre, para defenderse de ella, ha comenzado a negar la ciencia, a limitarla. *[1918]* (MC, 257)

Evidentemente, la ciencia maravilla. No conforta, no abriga, puede tener frutos amargos y desabridos, pero deja absorto y seducido. *[1939]* (OC, XVI, 1358)

La ciencia no tiene objeto más que dentro de sí misma. La astronomía no resolverá nunca una cuestión estética o moral. Por la teoría de Copérnico, el hombre no va a ser mejor ni peor ni a tener más medios de vida ni a resolver un problema sentimental. *[1945]* (DUVC, III, 89)

*

[*cinematógrafo*] Estas ciudades modernas, que visten a la moda y que tienen la adoración por el lujo, han encontrado la diversión más a propósito para sus gustos: el cinematógrafo.

El cinematógrafo impresiona la vista, pero no el espíritu; no hay necesidad de razonar, ni discurrir, con él todo es cortical.

A pesar de esto, tal es la cantidad de modernidad que llevan algunas invenciones, que el cinematógrafo será con el tiempo uno de los elementos mayores de divulgación y de cultura. *[1918]* (HS, 265)

Hoy por hoy, el cine es un arte híbrido, mixto de mediana literatura y de buena fotografía. El cinematógrafo, para perder su hibridez, para hacer algo original, necesitaría no deshumanizarse, (...) limpiarse de la vieja y amanerada retórica. Disolver la retoricina, diría uno, empleando una frase de mal gusto. El ideal del cineasta sería, sin duda alguna, hacer un cine inocente, fenomenológico (...).

No creo tampoco que el cine pueda sustituir al libro. Para el aficionado éste es necesario y no tiene fácil sustitución. Cierto que cada vez hay menos aficionados a leer, sobre todo en España; para la mayoría de la gente el leer es un trabajo penoso, al que no se llega más que a fuerza de aburrimiento; pero para los aficionados que quedan, el reemplazar el libro por el film es imposible. *[1929]* (OC, XVI, 77)

El cine podría sustituir con ventaja al periódico y a la revista ilustrada; pero al libro no. En la historia de este arte quedarán como figuras cumbres Charlot y Greta Garbo; lo demás se desvanece y se borra rápidamente. *[1947]* (DUVC, IV, 89)

*

[ciudades literarias] Cosa extraña y curiosa es que el prestigio de las grandes ciudades desciende a medida que se limpian, se hacen higiénicas y van sustituyendo las calles estrechas, tortuosas y siniestras por las avenidas anchas, rectas y limpias.

El romanticismo y la bohemia nacieron y se desarrollaron en callejuelas y lugares oscuros. El aire libre y el sol los han ido ahuyentando, desterrando. Nunca París y Londres tuvieron tanta sugestión para la juventud como cuando eran pueblos oscuros, laberínticos y sucios; cuando tenían fama de monstruos. *[1933]* (OC, XIV, 1131)

*

[claridad] La claridad en la ciencia es necesaria; pero en la literatura, no. Ver con claridad es filosofía. Ver claro en el misterio es literatura. Eso hicieron Shakespeare, Cervantes, Dickens, Dostoievski... *[1949]* (M. VII, 194)

*

[*clásicos*] Yo, la verdad, no siento una gran simpatía por la vida clásica; no me entusiasman esos escenarios de oradores discípulos de Demóstenes o de Cicerón. Bastante le aburrieron a uno de chico con esas historias. El recuerdo lejano de las Filípicas o de las Catilinarias me parece apestoso. *[1934]* (OC, XV, 32)

*

[*Códigos*] Casi se puede decir que la más benévola de las religiones, al menos en la práctica, es el Código Penal.

Esto no es una broma. Yo creo en ello firmemente. El Código está basado en la fuerza y rige del hombre normal para abajo. Si hubiera otro parecido que sirviera del hombre medio para arriba, ya no se necesitaba más. *[1934]* (OC, XV, 196)

*

[*Coloma, padre*] Se necesita ser ciego o tonto o fraile de Lecaroz para no verlo. Claro que en *Pequeñeces* se ataca a la aristocracia; pero es a la improvisada, no a la antigua y a la buena católica. Ésa es la posición del aristocratista, del que maneja el incensario.

Tenía un tipo mixto de judío y de gitano, étnicamente poco recomendable (...). Era el Chateaubriand del Urola. *[1934]* (OC, XIV, 1350)

*

[*cómico*] Es el que dice en voz alta lo que está en el alma de muchos y que por pudor no pueden decir. (...) Es casi siempre un personaje antisocial y sin clase. No respeta lo establecido, ni respeta los prestigios. De este fondo de plebeyez y de rencor igualitario nace el sentido cómico, como de un fondo de afectación y de mentira nace la idea noble y aristocrática. *[1920]* (CH, 83)

*

[*compromiso*] El escritor tiene derecho a zafarse de este ruido monótono de los cañones y de los sables; podemos impunemente tejer telas de araña con las ideas y con los sueños en nuestras guardillas y en nuestros mechinales, porque esas telas de araña son, a veces, algo, y el ruido de los cañones no es nunca nada. Sólo lo que pasa a ser intelectual tiene valor para la conciencia. Dediquémonos, pues, sin remordimiento, a pensar en los motivos eternos de la vida y del arte y escribamos sobre ellos. *[1917]* (JE, 20)

El escritor no debe hacer más que escribir. Si el político encuentra algo aprovechable en su obra, lo debe aprovechar. Claro que para eso es necesario saber leer, y el político español, si es que ha sabido leer ha practicado poco ese ejercicio. *[1945]* (DUVC, III, 11)

*

[*Comte, Augusto*] Era un metafísico sin fantasía que quiso encontrar en todo utilidad para el hombre. *[1918]* (MC, 257)

*

[*comunismo*] Para mí, comunismo y fascismo son muy parecidos, uno y otro son arbitrariedades despóticas. En la práctica terminan en una dictadura hecha a beneficio de los amigos, para echar de comer a los compadres y sostenerse en el mando. Suelen ser la instauración en el Estado de una amplia merienda de negros, en la que todo el mundo se dedica a alargar la mano y apoderarse de lo que puede. *[1955]* (AP, 91)

Para organizar un país es una verdadera calamidad. Se ve que allí donde entra todo se viene abajo. Es una peste de procedencia judaica. *[1955]* (AP, 189)

[*«Comunistas, judíos y demás ralea»*] Cuanto en ese libro se recoge se escribió antes del Movimiento, y fue expresión del sentir de un español individualista, independiente, defensor del libre examen y de la crítica, que no aspiró nunca a conquistar a las masas, que vivió fuera de toda intriga política, que no creyó en la eficacia de los tópicos, que se aisló totalmente de toda clase de pandillas y que, por haber seguido ese rumbo, ha llegado al fin de su vida pobre, pero independiente. *[1955]* (OC, XV, 682)

*

[*conciencia*] Cuando miro este arroyo insignificante se me ocurre pensar en lo eterno de las cosas ante la vida nuestra. Es extraño que la conciencia más alta que hay en el mundo conocido, que es la del hombre, sea tan rápida y pasajera. *[1918]* (HS, 153)

*

[*condición humana*] Quizás esta posibilidad de ser desgraciado sea uno de los motivos de la grandeza del hombre. *[1933]* (OC, XIV, 1304)

El hombre, como una rata metida en un sumidero, va de la norma a la utopía y de la utopía a la norma, sin poder encontrar otras salidas y sin resolver nunca nada. *[1934]* (OC, XIV, 1195)

*

[*conocimiento de uno mismo*] El no reconocerse a sí mismo es frecuente en el hombre de pensamiento; en cambio, el hombre de voluntad se encuentra siempre consecuente, cuando se mira en un espejo. De una manera o de otra se dice: «Así soy yo, no puedo ser de otro modo». En cambio, los hombres de poca voluntad nos negamos a nosotros mismos, física y moralmente –dice el doctor Guezurtegui–.* Yo cuando por casualidad me encuentro reflejado en un espejo me suelo decir a veces: «Ah, canalla; tienes cara de hombre honrado y, sin embargo, eres un farsante».

Esto se lo creeríamos al doctor Guezurtegui si a veces no dijera lo contrario. *[1920]* (CH, 169)

*

[*consecuencia*] Yo no pretendo ser hombre de buen gusto, sino hombre sincero; tampoco quiero ser consecuente; la consecuencia me tiene sin cuidado.

No hay más consecuencia que la consecuencia de fuera adentro, que procede del miedo a la opinión pública, y que a mí me parece despreciable.

No cambiar por temor a los demás es una de las formas más bajas de esclavitud.

Cambiemos todo lo que podamos. Mi ideal sería cambiar constantemente de vida, de casa, de alimentación y hasta de piel. *[1917]* (JE, 65)

La gente no comprende la querencia que tiene todo animal bípedo o cuadrúpedo a volver al mismo pesebre, y que hay que separarse de todo lo fácil. *[1945]* (DUVC, III, 261)

Renovarse o morir es una frase ridícula, una patochada. Nadie se renueva y todo se repite. Vamos siempre girando en el mismo círculo de sentimientos y de ideas.

De ese círculo nadie puede salir. *[1945]* (DUVC, III, 393)

*

[*conservadurismo*] En todos los países, y lo mismo en España, salen de cuando en cuando algunos minúsculos moralistas,

---

* Guezurtegui: «lugar de mentiras», en euskera. Es el nombre del personaje que sostiene los discursos de *La caverna del humorismo*. (*N. del E.*)

pesados y graves, que, haciendo gala de un aristocraticismo banal, nos vienen diciendo: «Ya basta de crítica, basta de destrucción. Hay que conservar, hay que crear».

¿Conservar qué? ¿El privilegio? ¿La barbarie? ¿El prestigio de cuatro desdichados? No. Esto es una ridiculez. No hay que conservar nada; hay que destruir. *[1917]* (NTA, 21)

*

[*conversos*] Yo he visto a algunos impíos y librepensadores, no de sesos muy sólidos, que han vuelto al catolicismo; he visto otros que, por interés y por farsantería, se han convertido; católicos y librepensadores de cierta cultura que hayan pasado al protestantismo, no sé de ninguno.

Ir de una agrupación a otra no vale la pena. La carne judía es siempre la misma. Lo único que varía es la salsa.

El snobismo ha producido ciertos cambios de religión no muy profundos, y así ha habido ateneístas y teósofos que, después de leer cuatro fantasías estólidas, se han declarado budistas. *[1934]* (OC, XIV, 1190)

*

[*convivencia*] Esperar que unas regiones se amen a otras, que unos individuos tengan cariño por otros, es una utopía para todo el que no sea chapelaundi; pero al menos podíamos contentarnos con que el «Amaos los unos a los otros» fuese en la práctica: «Soportaos los unos a los otros». (...)

Por lo menos, la concordia en la paz bien claramente se ve que no la sabemos conservar. (...)

¡Qué obra la de los catalanistas y bizkaitarras! ¡Excitar el odio interregional, fomentar el kabilismo español ya dormido! ¡Qué pobreza! ¡Qué miseria moral! ¡Qué fondo de plebeyez se necesita para emprender esa obra! *[1918]* (MC, 264)

*

[*Cornuty, Enrique*] Era un pájaro extraño. Parecía una letra gótica; tenía pocos medios de vida y su padre no le atendía. *[1939]* (OC, XV, 177)

Trajo el decadentismo a España del mismo modo que las ratas llevan la peste bubónica a los puertos. *[1945]* (DUVC, III, 187)

Había sido en París amigo del poeta Paul Verlaine y había paseado con él por el jardín de Luxemburgo. Tenía gran admiración por el poeta francés y le imitaba en su indumentaria y en su manera de andar y de hablar. *[1947]* (DUVC, IV, 93)

Introdujo el verlainismo en la juventud literaria de Madrid. *[1955]* (OC, XV, 653)

*

[*cortesía*] Lo más que se puede aceptar en serio de las fórmulas sociales es el deseo que encierran. Así se podría decir: «Yo le llamo a usted caballero, porque desearía que lo fuera usted. Yo le llamo a usted camarada, porque quisiera que lo fuese». *[1939]* (AH, 118)

Ya la cortesía no tiene valor, y desde hace mucho tiempo la rebatiña es la ley general. Yo muchas veces he pensado que la mayoría de la gente se enfurece quizá, pero estima más al que le trata mal. El que le trata bien le da una impresión de indiferencia y de altivez desagradable. *[1944]* (DUVC, I, 204)

Para mucha gente, la cortesía es la exageración, el abrazo, la zalamería. Para mí, no; yo creo que ha de ser las fórmulas de convivencia corrientes. *[1947]* (DUVC, II, 59)

La gente que no es más que cortés, no gusta. Se cotiza el elogio falso, la simpatía simulada, la frase encomiástica. *[1952]* (OC, XII, 853)

*

[*credulidad*] Justificar las necedades es una obra grata para el hombre. *[1938]* (OC, XV, 241)

*

[*crimen*] Yo creo que si hay que pensar en las intenciones para castigar al criminal, el crimen político debe tener atenuantes con relación al crimen corriente; pero como todo en el mundo está en crisis, y lo que no tiene fuerza no se defiende, las únicas razones suficientes son los cañones y el dinero: *Ultima ratio populorum. [1945]* (DUVC, III, 139)

*

[*cristianismo*] Cuando pienso en el cristianismo me viene a la imaginación los ghettos, la escrófula, la sarna y los frailes. *[1918]* (HS, 62)

*

[*crítica*] El criticismo es siempre demoledor como el pragmatismo es siempre conservador. La crítica no puede ensalzar ni abominar; solamente razona y analiza, y el razonamiento y el análisis son odiosos para el fanático. *[1917]* (NTA, 179)

La crítica puede ser, de por sí, una obra de arte, puede tener importancia como trabajo científico; pero para anticipar el valor más o menos perenne de una obra y de un artista en general no sirve. *[1941]* (OC, XV, 107)

La crítica es subjetiva, impresionista, intuitiva. Difícil es saber si acierta o no acierta. *[1941]* (OC, XV, 102)

Para ser un crítico bueno habría que tener una ecuanimidad, una generosidad y una virtud que no se pueden exigir a nadie. Un hombre que haya estudiado la literatura universal, la de su país y su historia, que pueda examinar las obras de los demás

con serenidad, sin prejuicios, sin malevolencia, sin dejarse influir
por las amistades ni por las antipatías y, además de esto, que
gane menos que lo que gana un burócrata por poner unos sellos
y unas firmas y hacer algunas otras diligencias vanas y vulgares,
es imposible. Es pedir demasiado. El autor, al fin y al cabo, va
empujado por la ilusión, por la vanidad; pero el crítico, no. Una
novela, una poesía, un drama, puede, por un golpe de fortuna,
dar dinero, dar fama, apoderarse del gran público. No es corriente, pero se dan casos. ¿Pero qué va a conseguir un crítico con
hacer una crítica justa y clara? Nada. *[1944]* (DUVC, I, 95)

Nadie niega que se puede juzgar bien, pero el juicio no pasa
de ser la visión de un individuo. *[1938]* (OC, XV, 249)

*

[*crítica de arte*] No he leído nada de crítica de arte. Es cosa
que me interesa poco. Además, en general, esta crítica se encuentra en libros caros, para ricos, con láminas y encuadernacio-
nes lujosas, más bien para exhibirlos en una biblioteca que para
leerlos por entretenimiento. *[1947]* (DUVC, IV, 211)

*

[*crueldad*] Las costumbres del *sphex* nos producen sorpresa:
las corridas de toros nos producen asco. La crueldad, como la
estupidez, cuanto más adornadas, son más odiosas (...). El hombre civilizado tiene que odiar estas dos manifestaciones de una
vida primitiva y oscura. *[1917]* (JE, 48-49)

*

[*Cuadra, Fernando de la*] Era un iluso, un hombre que vivía
de entelequias fantásticas. No necesitaba mucha base para idear
un sistema o una ideología. El más pequeño dato le bastaba. Al
Díaz corriente le emparentaba con el Cid en un dos por cuatro.
(...) Hablaba de sus parientes del Imperio romano como cual-

70

quiera puede hablar de su tío de Alcalá o de su primo de Chinchón. Era un hombre fantástico, que creía en sus lucubraciones. *[1947]* (DUVC, IV, 405-407)

*

[*cubismo*] En nuestro tiempo hay muchas cosas que, sin proponérselo nadie, parecen cubistas o superrealistas. *[1944]* (DUVC, I, 125)

Las únicas conquistas del cubismo han sido los anuncios del cine y de los almacenes de modas. De esa modificación de los escaparates no se ha pasado adelante. *[1944]* (DUVC, I, 127-128)

Una exposición de cuadros cubistas o expresionistas no hace efecto ninguno: todo es mentira.

El pintor sabe que lo que expone es una farsa; el público comprende que aquello no es nada auténtico ni pensado ni sentido, pero se acepta la mixtificación y se sonríe como diciendo: «Estamos en el secreto». *[1949]* (DUVC, VII, 213)

*

[*cuestión de atrezzo*] Si el drama en sí es bueno, yo creo que no necesita de nada, ni aun siquiera de decoraciones. Una compañía de actores excelentes, representando *Hamlet* en camiseta, creo que haría estremecer al público. *[1902]* (DA, 134)

*

[*cuestión de empeño*] A mí, la acometividad para ganar, para triunfar, para gozar de la vida, me parece bien; ahora el entusiasmo por el dinero bien o mal adquirido me parece una ruin e innoble manifestación espiritual. Es cosa propia de gente inclinada al servilismo.

El espíritu de ambición y de continuidad es algo importante, como lo es también la afición decidida y constante. *[1933]* (OC, XVI, 91)

Aun teniendo afición salen las cosas mal, no teniéndola tienen que salir peor. *[1947]* (DUVC, IV, 198)

*

[*cuestión de estómago*] Es incalculable la cantidad de tonterías que nuestra época va aceptando graciosamente. No hay superchería que no acoja: espiritismo y teosofía, metapsíquica y antroposofía, cubismo o dadaísmo, magia y psicoanálisis freudiano; todo pasa. Nuestro tiempo es un avestruz que se traga todo lo que le echen; claro que no lo puede digerir, porque no se digieren las piedras, pero las traga. *[1924]* (DA, 29)

*

[*cuestión de tamaño*] Los grandes Estados, los grandes capitanes, los grandes reyes, los grandes dioses, me dejan frío. Ellos son para las gentes de las llanuras, cruzadas por ríos caudalosos, para los egipcios, para los chinos, para los indios, para los alemanes y para los franceses.

Nosotros, europeos pirenaicos y alpinos, amamos los pequeños estados, los pequeños ríos, los pequeños dioses a quienes podemos hablar de tú. *[1917]* (JE, 42)

*

[*cultura*] Para fundar (una) cultura se necesita, creo yo, un fondo de austeridad y de verdad, y una crítica severa y que no permita ilusiones ni errores, porque, como Carlyle, el primero de todos los Evangelios es éste: que la mentira no pueda durar siempre. *[1920]* (DA, 73)

[*Chamfort, Niclás de*] Un escritor que hoy se lee con gusto, quizá porque no construye (...). Sus *Caracteres y Anécdotas* tienen la sal y la pimienta necesaria para desafiar la acción del tiempo. *[1917]* (JE, 77)

*

[*chapelaundis*] Gente de boina grande y corazón también grande *[1918]* (MC, 260).

*

[*charlatanes*] Hay varias clases de charlatanes: los hay de academia y de mitin, de calle y de plazuela; unos fijos y otros ambulantes; unos de lugar cerrado y otros de aire libre. Los de academia, de mitin y de lugar cerrado no me interesan nada. *[1933]* (OC, XIV, 968)

*

[*chinos*] Alemanes con coleta. *[1955]* (AP, 39)

*

[*Chocano, Santos*] Hombre de pocos escrúpulos y capaz de cualquier cosa (...), alto, fuerte, vestía casi de etiqueta en la calle. Era un hombre de poco fiar. Exponía unos proyectos no muy encajados dentro de la ética corriente. Él parece que creía que a final del siglo XIX y principios del XX se podían usar procedimientos de los conquistadores. *[1947]* (DUVC, IV, 173)

*

[*Chopin, Federico*] Músico seudogenial, brillante, aparatoso y casi siempre vacío (...) Un comiquillo insignificante y un músico de pocos vuelos. *[1941]* (OC, XV, 69)

D

[*Dalí, Salvador*] Está a veces muy bien, tiene una imaginación creadora, más literaria que Picasso, y muchos de sus cuadros, si no tuvieran un detalle extravagante, puesto de una manera deliberada para dar la impresión de superrealismo, estarían en un museo con tanto derecho como los que más; pero, seguramente, a Dalí le conviene poner este detalle arbitrario y chocante, para que los partidarios suyos no tengan el menor motivo de acusarle de pompier. *[1947]* (DUVC, VII, 258)

*

[*Daudet, Léon*]. No valía gran cosa. Era un libelista petulante, que quería representar el buen sentido francés conservador; pero no creo que lo representara, porque era iracundo, violento y arbitrario. También aseguraba que su padre, Alfonso Daudet, era un gran escritor universal; pero creo que en esto estaba engañado. *[1947]* (DUVC, VII, 205)

Su padre, Alfonso, el novelista, había notado toda la cuquería de los tartarines meridionales, probablemente estudiándose a sí mismo; pero el hijo, sin duda, no quería ver esta condición. *[1947]* (DUVC, IV, 244)

*

[*De Lancre, Pierre*] véase *juez*.

*

[*delator*] Un tipo despreciable. *[1941]* (DUVC, I, 46)

*

[*democracia*] ¡Oh la democracia! Es la palabra más insulsa que se ha inventado. Es como la pirueta del cómico de mi pueblo, la mayoría ni sabemos lo que es democracia ni lo que significa, y, sin embargo, nos sugestiona y nos hace efecto. Como la música cancanesca de Offenbach, los aires democráticos nos dan ganas de echar los pies por alto y de amenazar con la punta de la bota la nariz del vecino.

Hay algo que se llama democracia; una especie de benevolencia de unos por otros, que es como la expresión del estado actual de la humanidad, y ésa no se puede denigrar; esa democracia es un resultado del progreso... (...)

La otra democracia, de la que tengo el honor de hablar mal, es la política, la que tiende al dominio de la masa, y que es un absolutismo del número, como el socialismo es un absolutismo del estómago. *[1904]* (OC, XIII, 128)

Otra de las consecuencias, a mi modo de ver, fatales de la democracia y del socialismo es la de supeditar y subyugar el individuo en beneficio de la sociedad y del Estado. *[1904]* (OC, XIII, 129)

En la democracia actual no hay más que dos sanciones: el voto y el aplauso (...), lo que ha hecho que así como antes los hombres cometían una serie de vilezas para satisfacer a los reyes, ahora cometan otras parecidas para contentar a la plebe (...). Concluye en el histrionismo. *[1917]* (JE, 150)

Creo que se podría demostrar que todos los países viven en plena dictadura, más o menos disimulada.

Nunca he creído en el valor absoluto de la democracia y del número. El número la mayoría de las veces no es más que la barbarie. *[1904]* (MC, 276)

La democracia, si no es una mixtificación de oradores, lo parece. Hay otra democracia, que es la popular o populachera: el reino pasajero de la violencia de la masa.

Esta buena señora es tan oscura en sus deseos, que nunca le sale bien lo que quiere, y muchas veces, al mismo tiempo, la autoridad que pega y el rebelde pegado se consideran sus más legítimos representantes. *[1933]* (OC, XIV, 1265)

La democracia es un telón que da perspectivas a la masa, que le hace creer que ella participa en el gobierno del país; pero la realidad es que el político, inmediatamente que tiene el poder, se zafa de las influencias de la mayoría y dirige su nave como quiere o como puede. *[1939]* (AH, 135)

La democracia, el sufragio universal y el parlamentarismo son cosas tan superficiales que no nos puede preocupar su desaparición. El voto es una función tan ridícula y tan pobre que no se necesita pensar mucho en ella para considerarla como una entelequia sin ningún valor.

La democracia quiere suponer que el hombre tiene un fondo de sabiduría y de buen sentido, lo cual evidentemente no es cierto, y después de suponer esto, le propone al buen ciudadano cada cuatro o cinco años el arduo problema de si tiene que votar a Juan o a Pedro. *[1939]* (AH, 156)

En nuestra sociedad literaria, y en la no literaria, era más denigrante tener una fabriquita o una tiendecita que cobrar del fondo de reptiles o de las casas de juego.

Así que, a mí, cuando me hablan de la democracia, me entra una risa tal, que me pasa como a aquel filósofo griego de que habla Diógenes Laercio, que murió a carcajadas al ver un burro comiendo higos. *[1945]* (DUVC, III, 206)

*

[*deporte*] Hay que tener ese fondo de candidez, de seriedad y de alegría que tienen los ingleses para tomar el *sport* como una cosa seria, importante y divertida. *[1918]* (HS, 249)

El reino del deporte chabacano y vulgar se generaliza. Estamos en la era de la unidad, que decía Gobineau. La unidad, que trae como consecuencia inevitable la chabacanería más plebeya. Una patada dada a tiempo a un balón, proyectado violentamente sobre un arco de palos, resulta algo sublime. ¡Qué estupidez! *[1955]* (OC, XV, 650)

*

[*derecho*] Estas cuestiones de derecho y legislación no me han atraído nunca. Para mí el tipo del abogado y del leguleyo es una calamidad nacional. *[1918]* (MC, 270)

¿Se puede creer que todas esas constituciones y normas de derecho que no se respetan nunca en la práctica tienen algún valor?

Yo creo que todo ello es una mala literatura de abogados. La superstición del derecho es una de las más vulgares de la época. El derecho es la panacea universal, y como todas las panaceas no sirve para gran cosa. Todos estos juegos de leguleyos no tienen ninguna importancia ni en la teoría ni en la práctica. *[1939]* (AH, 114)

La manifestación más completa de ese sentimentalismo en la España republicana ha sido envuelta en fórmulas de Derecho. La palabra «jurídico» ha encantado a la gente. Se ha hablado del derecho a la vida, del derecho a la muerte, del derecho del niño, del derecho del viejo, del derecho de que no le piquen a uno las pulgas. No se ha hablado del derecho a la estupidez, aunque es el que más se ha practicado. Con esta bazofia jurídica se ha alimentado la inteligencia de las gentes. Parece que a la mayoría no le importa que ninguno de esos derechos se realice; con que se hable de ellos, basta. *[1939]* (AH, 140)

*

[*descontentos*] En un país como España, creo que vale más que haya descontentos que no señoritos correctísimos que vayan al laboratorio con una blusa muy limpia, hablen del Greco y de Cézanne y de la *Novena sinfonía*, y no protesten, porque detrás de esta corrección se adivina el optimismo de los eunucos. *[1917]* (JE, 36)

El hombre descontento de la burguesía puede ser un cínico insociable o un temperamento de fanático. Si es de esta última clase, un día cualquiera, por una lectura de un libro o de un artículo, se hace, de repente, comunista o anarquista. Toda la parte clara de su espíritu no ennegrecida por el rencor la proyecta con colores de visionario sobre la pantalla de la utopía. *[1932]* (OC, XIV, 1019)

*

[*despotismo ilustrado*] Yo no soy más que liberal, y no liberal intransigente, me contentaría con aquella teoría que defendieron a principios del siglo XIX gentes como Lista, Miñano, Hermosilla y Reinoso a la que llamaron el despotismo ilustrado. El despotismo del gran Federico que permitió publicar a Kant sus obras, y el despotismo del zar Alejandro III que dejó pasar sus novelas a Dostoievsky. A mí no me importa nada que haya Congreso o que no haya Congreso, que se vote o que no se vote. Todo eso es para mí tan exterior y tan falto de interés que no me preocupa absolutamente nada (...). Ahora, creo que prohibir a Kant o a Schopenhauer o a Dostoievsky es algo importante para la humanidad, y quizá más importante sería prohibir a Einstein. Los demás, los políticos, allá ellos. *[1955]* (AP, 114-115)

*

[*Dicenta, Joaquín*] Se ven en él las mismas preocupaciones calderonianas acerca del honor y la honra... y otras entidades metafísicas de las cuales no se cuidan los hombres nuevos, o si se cuidan, no es de la misma manera, ni de la misma forma arcaica que lo hacen los personajes de *Aurora*. *[1902]* (DA, 137)

Debió de tener poca vida en el teatro. Debió de empezar con el *Suicidio de Werther*, y cuando representó *Aurora* iba ya en decadencia.

Dicenta, en la vida, parecía un inquilino de la *Abadía de Théléme*, convento fantástico que tenía como enseña la frase: «Haz lo que te dé la gana».

Dicenta gritaba donde todo el mundo estaba callado o pasaba donde estaba prohibido pasar, y el guardia o el policía que le salía al encuentro le decían:

–Haga usted el favor, don Joaquín; usted, que tiene tanto talento, no nos fastidie usted.

Dicenta condescendía. (...)

A gente así le hubiera convenido ir al extranjero para que, en una prefectura de policía, les trataran como ganado. *[1945]* (DUVC, III, 347)

*

[*dicha*] La gente vive, si no feliz, contenta, con esa existencia cotidiana de ir y venir, de trabajar y de divertirse. Nosotros, ambiciosos, descontentos, inadaptados, que queremos una dicha pura y alta, nos equivocamos y no la alcanzamos nunca. *[1947]* (DUVC, IV, 378)

*

[*Dickens, Charles*] Es el último mago de la Europa occidental. *[1943]* (OC, XV, 222)

*

[*dictadura*] Si se supiera que un tirano había de ser justo, inteligente y bienintencionado, yo, al menos, sería partidario del buen tirano. *[1933]* (OC, XIV, 1162)

Parece que la teoría de los héroes como creadores de la historia no está tan proscrita como en tiempos del fervor democrático. Parte de la opinión pública, ya un tanto cansada de las adulaciones al anonimato de la masa, quiere buscar el hombre salvador, no solamente para echarle el mochuelo o la carga honorífica del poder, sino también las responsabilidades de toda clase que ella se siente incapaz de asumir. *[1943]* (OC, XV, 231)

Yo creo que un país habría de ser dirigido casi como se dirige una fábrica o una Compañía minera.

Yo ya sé que esto no es fácil de llevar a la práctica, ni mucho menos, pero los países que consigan algo de esto no lo consiguen por la forma de sus instituciones políticas, sino por la raza, por su cultura, por su experiencia y por su ciencia, por algo que no depende de una utopía, de una forma de gobierno ni de una Constitución. *[1944]* (DUVC, I, 73)

A los que seguimos siendo liberales no nos asusta la falta de libertad de acción de las dictaduras; lo que nos molesta es la falta de libertad de pensamiento (...).

Hoy los liberales tenemos que pensar en la posibilidad de la dictadura. La aceptaríamos con gusto si ella pudiera dar el mínimum de esencia liberal necesaria, para la vida del pensamiento, y al mismo tiempo acabara con la repugnante crueldad que hoy reina en España.

Ya se comprende que la dictadura no tiene los caracteres de un régimen definitivo. Parece más una forma transitoria, pero es la única posible en el país de momento. *[1939]* (AH, 156)

Una sociedad de la índole que sea en donde mande un solo hombre, si es inteligente, tiene más posibilidades de marchar que una sociedad en donde todos los miembros quieran no sólo tener opinión, sino mandar. *[1955]* (AP, 27)

A mí me parece lógico y natural que un gobierno que quiera sostenerse y que crea estar en su sitio, porque tiene conciencia de que está haciendo lo que debe hacer, lo lógico y lo justo, pueda llegar a la dictadura. Si no está perdido. Todos los países, en tiempo de guerra, hacen lo mismo. *[1955]* (AP, 218)

*

[*Diderot, Denis*] No tiene interés ninguno para un espíritu moderno, al menos para el que no sea francés. Es casi tan aburrido como Rousseau. *La Religiosa* es un librito perfectamente falso. Hace años se lo presté a una señorita que había salido de un convento. Yo no he visto nada semejante –me dijo–. Es una fantasía que no se parece nada a la verdad. Es lo que yo pensaba. *Jacques, el fatalista* es aburrido; respecto a *El sobrino de Rameau,* al principio da la impresión de que va a ser algo, algo fuerte como el *Satiricón,* de Petronio, o el *Buscón,* de Quevedo; pero acaba, y no es nada. *[1917]* (JE, 77)

*

[*diferencia*] Qué absurdidad el no aceptar que otra persona pueda tener ideas contrarias a las de uno y diferentes aficiones. *[1955]* (AP, 92)

*

[*dinero*] «*Diru ciquiñ ori* (ese sucio dinero)», dicen por el español.

No hay duda, el dinero español es una cosa sucia; no lo es menos el francés. Con uno y con otro se han hecho muchas bellaquerías; más, naturalmente, con el francés, porque hay más.

Esta mayor o menor suciedad del dinero no nos debe dividir. Todos los dineros son una porquería. *[1918]* (HS, 202)

Ésta es una de las pocas cosas claras de nuestra época: el valor omnipotente del dinero. El que no lo tiene, ya puede pensar que sin protecciones, sin ayuda, con un juego limpio, no llegará nunca a gran cosa. *[1934]* (OC, XIV, 1308)

El dinero, para mí, es un medio de evitar molestias. *[1947]*
(DUVC, IV, 268)

*

[*Dionisos*] Yo creo que uno de los efectos más deseables de
la embriaguez y del vicio es salir de la manera habitual de pensar y de ser. Enloquecer un poco. Es lo que buscaban los antiguos en las fiestas dionisíacas. *[1944]* (DUVC, I, 242)

*

[*dios*] Ha sido una invención de los arios y de los semitas.
[1934] (OC, XIV, 1001)

*

[*disciplina*] Si a un lado me ponen la obediencia y al otro la
muerte, obedeceré, ¡claro es! Pero, ¡que me persuadan! No, no.
Esto me parecería demasiado débil y demasiado vil. Que el Estado me diga: «Toma esta arma y vete adelante; si no, te mata-
mos»; yo tomaré el arma y marcharé. Pero que el Estado me
quiera convencer que mi deber, mi honor, etcétera, es el de ser-
virle, no, no. Hay gentes que han nacido para ser ladrillos de
estas torres que se hacen, como la de Tamerlán, con cadáveres
humanos; yo no tengo vocación de ladrillo. *[1918]* (HS, 78)

*

[*diversiones*] La diversión antigua tenía sabor, era nacional, a
veces local con gracia, y la diversión moderna es internacional y
completamente sosa.

Aquí parece que se hace todo al revés. La ciencia, la filosofía debían tender a lo universal; en cambio, la fiesta, la canción,
el baile, debían tender a lo nacional, a lo regional, a lo local y se
hace lo contrario. Cosa estúpida. *[1944]* (DUVC, II, 46)

Para matar el aburrimiento hay los espectáculos y la música. *[1944]* (DUVC, I, 122)

El hombre actual no quiere calentarse la cabeza en la soledad y, después de moverse y de intrigar, busca la diversión colectiva y espectacular. Una exposición de pintura, un partido de fútbol, una corrida de toros es lo que más le gusta. Lo extraño es que llegue en su afición a gustar de sus diversiones de una manera metafísica, porque oír los lances de una corrida de toros o de un partido de fútbol por la radio parece pura metafísica. *[1947]* (DUVC, IV, 207)

*

[dogma] Mi primer movimiento en presencia de un dogma, sea religioso, político o moral, es ver la manera de masticarlo y de digerirlo.

El peligro de este apetito desordenado de dogma es gastar demasiado jugo gástrico y quedarse dispépsico para toda la vida.

En esto mi inclinación es más grande que mi prudencia. Tengo una dogmatofagia incurable. *[1917]* (JE, 25)

Respecto a los dogmas cristianos, no son en su origen, evidentemente, muy constructivos; más bien parecen disolventes. El que quiera seguir al pie de la letra los preceptos del Evangelio, sin hacer caso de interpretaciones capciosas, no podrá ser con la conciencia tranquila ni muy conservador, ni muy rico, ni muy sibarítico, ni muy sensual. Más bien será un anarquista o un comunista platónico. *[1933]* (OC, XIV, 1258)

*

[dolor] Es tan lógico, tan natural en el hombre huir del dolor, de la enfermedad, de la tristeza (...), del dolor propio y del de los demás como de una cosa horrible y repugnante, hasta llegar a la indignidad, a la inhumanidad (...) ir a buscar lo sucio, lo triste, deliberadamente, me parecería una monstruosidad. *[1944]* (DUVC, II, 273)

*

[*dominación*] Yo siempre he puesto mi valla al dominador y al absorbente, y he evitado también el dominar y el explotar a los demás. Ahora que hay que reconocer que esta actitud es antipática para la mayoría: al dominador no le gusta que le estorben en sus maniobras y a la gente floja y laxa le gusta más que la dominen que no que la abandonen. *[1944]* (DUVC, II, 245)

*

[*Don Juan*] Si no es un chulo no puede ser más que un hombre rico y despreocupado. *[1945]* (DUVC, III, 13)

*

[*Dostoievski, Fiódor*] La expansión de la patología viene con Dostoievski. Aquí se puede decir que no hay un tipo normal: todos son neurasténicos, epilépticos, locos, avaros, eróticos y vagabundos.

La luz de la linterna del autor ruso ilumina zonas psicológicas muy oscuras, y todo hace pensar que, gracias en parte a él, se aclararán más en el porvenir. *[1934]* (OC, XIV, 1063)

No podía tener simpatía por un europeo occidental de cabeza clara, heredero de los presocráticos griegos, de Lucrecio o de Montaigne, porque el ruso era un *chaman*, que, por arriba tocaba con los santos, y por abajo con los energúmenos, como Rasputín. *[1947]* (DUVC, 325)

*

[*Dreyfus, Alfred*] Como muchos judíos, era arrogante e impertinente. *[1945]* (DUVC, III, 129)

*

[*Dumas, Alejandro*] Hombre de un ingenio agudísimo, maestro consumado en el arte de preparar las situaciones, maestro también en salvarlas en el instante en que van a hacerse demasiado escabrosas para el público, maestro también en sacar partido de las cuestiones palpitantes; este hombre, que parece bueno, que parece ingenuo en sus obras, no sé por qué me da la sensación de un reverendísimo egoísta. *[1902]* (DA, 143)

*

[*Durrio, Francisco*] El escultor de Bilbao era muy pequeño y de genio irascible y colérico (...). Vivía en un taller pobre de Montmartre y acogía en su casa a bohemios amigos que a veces le jugaban malas pasadas. *[1947]* (DUVC, IV, 251)

*

[*Durruti, Buenaventura*] Era hombre con cierta cordialidad. (...) Era hombre sincero (...), macizo, con cara de indio, los ojos un poco oblicuos, la boca grande, de labios finos, delgados, con una expresión de ironía y de crueldad (...). Hablando de su mujer y de su hija se notaba que era en parte sentimental (...). En sus explicaciones resultaba que no era un anarquista sino más bien un bolchevique. *[1939]* (AH, 169)

Era un tipo diametralmente opuesto a Pablo Iglesias. No era un doctrinario, era un condottiero, inquieto, atrevido y valiente. También se le podía encontrar como una encarnación del guerrillero español. Tenía todas las características del tipo: valor, astucia, generosidad, crueldad, barbarie y un fondo de cerrazón espiritual. En otra época hubiera estado muy bien de capitán con el Empecinado, con Zurbano o con Prim (...). Era un tipo para tener una biografía en romance, en un pliego de literatura de cordel, con un grabado borroso al frente. *[1947]* (DUVC, IV, 204)

E

[*Echevarría, Juan*] Hombre de gran sensibilidad y de grandes cavilaciones. Todo le dejaba perplejo. (...) Hombre generoso, se convirtió rápidamente en el Mecenas de los escritores y pintores amigos. Éstos le consideraban como un protector obligado. Ellos iban al café, tomaban lo que les daba la gana y dejaban a Echevarría el cuidado de pagar como si fuese su secretario. (...) Pintó paisajes y cuadros de flores verdaderamente bonitos. Esas armonías de color suave las captaba como pocos. (...) En sus cuadros más que el dibujo se notaba sobre todo la armonía de los colores. *[1947]* (DUVC, IV, 275-282)

*

[*egoísmo*] La gente es seca, egoísta y dura. Todos lo somos. La mayoría disimula la sequedad y la dureza con las frases amables y protocolares. Mientras no hay intereses generales y fuertes, esta moneda de flores circula como moneda de oro o de plata, pero cuando el interés es profundo ya no pasa nada, ni la plata falsa ni el billete falso, y todo se analiza y se mide al milímetro. *[1954]* (OC, XVI, 1568)

*

[*élan vital*] Se puede dar en la vida humana una mutación brusca, y de una familia de clericales y sacristanes puede salir un chapelaundi, y de un fondo de bandidos un héroe o un santo. *[1918]* (MC, 254)

*

[*elegancia*] El español (...) ya que por dentro no puede ser elegante, tiene que serlo por fuera. Así parece que en Madrid el decoro está más en la pechera de la camisa que en el alma, y parece también que a la primera arruga que haga el planchado, ya de caballeros nos convertimos en jayanes. *[1904]* (TA, 30)

*

[*elogios*] Yo no soy hombre que agradezca mucho los elogios, y menos si pretenden ser diplomáticos; agradezco más los favores, porque si un elogio es sincero no se debe agradecer, porque no es más que la expresión de un juicio sentido, y si no es sincero, tampoco, porque, al fin y al cabo, es una falsedad con un fondo utilitario. *[1941]* (DUVC, I, 219)

*

[*empeño*] La mayoría cree que es una prueba de mal gusto persistir en la lucha por las ideas y que hay un momento en que se debe ceder.

Hay una frase de Voltaire, que no la he leído en el original, sino copiada en *Parerga y Paralipomena*, de Schopenhauer. Dice así: «On ne réussit dans ce monde qu'à la pointe de l'épée et on meurt les armes à la main».

Otro francés, Montesquieu, escribió esta sentencia, también muy exacta: «Pour réussir dans le monde il faut avoir l'air fou et être sage».

Estas dos frases deben pertenecer al evangelio de los ambiciosos. *[1918]* (HS, 55, 56)

*

[*envidia*] Fuera de la política, parece que la envidia, el resentimiento, la cólera, son mayores en el mediodía que en el norte. Los pueblos meridionales tienen con frecuencia una envidia hepática, proteica, cósmica, sin objeto, que no depende de nada exterior, que más bien busca un pretexto de fuera para mostrarse. Esta envidia es una enfermedad como el raquitismo o la neurastenia, de otra índole, de otros centros, pero una enfermedad.

Se manifiesta por una alarma ante pequeños éxitos ajenos de una manera verdaderamente cómica. (...)

En la infancia y en la juventud se comprenden mejor la envidia y los celos que en la vejez. La envidia es una pasión innata que se da hasta en los animales. Se dice que hay perros que mueren de envidia. (...)

Es evidente que, por reflexiones filosófico-morales, no se va a dejar de ser celoso y dominado por la bilis. Si el estómago o el hígado funcionan mal, se será envidioso con motivo o sin él, el blanco del ojo estará amarillo y los labios tomarán un pliegue amargo y triste. *[1933]* (OC, XVI, 86-92)

A mí me importa poco que los demás hagan lo que les parezca y que tengan éxito. Ese señor es un historiador de Derecho, el otro es un abogado elocuente, el de más allá es un economista... Bien. A mí no me produce ninguna molestia el que tengan todos ellos popularidad y el que la gente se ocupe más o menos de sus actuaciones profesionales. Tampoco me molesta la fama del dramaturgo, del novelista, del erudito o del sainetero.

Esta envidia proteica de los meridionales yo no la siento, afortunadamente para mí, pues la envidia debe ser algo que impide al que la tiene vivir tranquilo. Supongo que se debe ser muy desgraciado teniéndola. *[1955]* (AP, 209)

*

[*envidiosos*] Gentes con mentalidad de enano o de jorobado, que miran con asombro mezclado de odio que una persona corriente vaya y venga por la calle sin obstáculos. *[1945]* (DUVC, III, 46)

*

[*erudición*] Es, en general, aburrida y pedantesca. Cuando es fruto de un estudio concienzudo, vale para los especialistas; cuando no, es fastidiosa para todos. *[1949]* (OC, XV, 355)

*

[*escritor*] No es fácil inventarse una norma, una pragmática clara de lo que debe y lo que no debe hacer el que se dedica a escribir. No se sabe si el oficio de escritor, si es que tiene categoría de oficio, además de ser de los modos de vivir que no dan para vivir, como decía Larra, es público o privado; no se sabe tampoco si el marco natural del hombre de letras es el salón, la tribuna, la plaza pública o la celda de la cárcel Modelo.

Si la tendencia actual de charlas, conferencias y lecturas se intensifica, la práctica de la literatura se va a convertir en un deporte espectacular. El escritor constituirá un número de *variétés,* con o sin música. No es que yo aspire, ni mucho menos, a que los escritores sean magos, hombres trascendentales, no; los magos y los hombres trascendentales, además de aburridos, son hoy los que andan más cerca del histrionismo de la comiquería. *[1929]* (OC, XVI, 78)

Hay literatos que tienen la pretensión de ser interesantes en su vida y les gusta la literatura hecha sobre el literato: el drama del dramaturgo, la novela del novelista, la comedia del comediante. A mí todo esto me parece que anda muy cerca del amaneramiento y de la literatura de segunda mano. Hay que reconocer que hay una clase de gente a quien gusta las sobras y los accesorios: las mujeres viejas con buenos trajes, los hombres tontos elegantes y las comidas malas con ricas vajillas. *[1929]* (OC, XVI, 81)

El escritor, si no tiene un dogma definido y no pertenece a ningún grupo político, debe poner ante todo su probidad. Esto me parece a mí lo liberal y hasta lo libertario. *[1933]* (OC, XIV, 1270)

El escritor, cuando llega a viejo, convierte con frecuencia su actividad en oficio y ya no se ocupa mucho de lo que piensan de él. Es lo que me pasa a mí. *[1934]* (OC, XIV, 1168)

Hay gente de una escasez de recursos tan grande, y tan entusiasta del oficio de escritor, que no sólo hacer algo en literatura, sino hacer algo medianamente bien, le parece tan extraño, que se queda ofendida con el principiante bastante audaz para escribir mucho, y esta audacia no se la perdona nunca. Así persigue al compañero audaz con la llaga disimulada y una sonrisa fingida, y muestra su dolor con protestas o con supuestas ironías. El mismo dolor que siente ante el libraco de Pérez o de Sánchez lo sentiría si se tratara de Cervantes o de Tolstói. ¿Qué espejismo raro produce el cultivo de la literatura? *[1944]* (DUVC, I, 75)

El escritor verdadero tiene una preocupación, que parece a los demás antipática por su oficio y por su obra; en cambio, el simulador no la tiene, y esto le hace más simpático. *[1944]* (DUVC, I, 78)

Los escritores de poco carácter político, para quienes los problemas principales son los éticos, somos descendientes, la mayoría, de Montaigne, de los enciclopedistas y de Schopenhauer. *[1944]* (DUVC, I, 183)

A la gente le parece que un escritor con algún nombre debe tener siempre algo estrafalario o algo ridículo, y ya que se ocupan de él, él debe corresponder haciendo una bufonada altisonante o cínica, intercalada con alguna locura o con un rasgo de heroísmo. Cuando no pasa eso el público se siente defraudado. (...) El hombre que no pretende ser genio, ni sádico, ni invertido, ni borracho, ni estafador, defrauda al buen burgués, que supone que el literato que puede vivir ordenadamente y tener más talento que él y saborear mejor la vida es un hombre que abusa de sus condiciones. *[1944]* (DUVC, I, 40)

Somos como veletas roñosas que chirriamos; pero en nosotros está legitimado el chirrido. *[1945]* (DUVC, III, 100)

En literatura se puede ser un cínico y un degenerado, como Paul Verlaine; se puede ser un satánico como Baudelaire; se puede ser un ególatra como Nietzsche; pero no se puede ser un cuco que disimule ante el público sus pequeñas artimañas y sus intrigas. *[1945]* (DUVC, III, 238)

En países como España, los escritores debían tomar ante el público una actitud discreta y esfumada, primero porque es la lógica en un país donde no se les quiere; segundo, porque si no las gentes les toman odio. *[1947]* (DUVC, IV, 159)

El político no comprende el punto de vista del escritor. No ve que para el escritor de raza el hacer un libro bueno, que llegue a ser leído en todo el mundo, es más que ser diputado de siete distritos, que ser ministro y archipámpano. *[1947]* (DUVC, IV, 200)

Como oficio es uno de los más pobres de la época. *[1947]* (DUVC, IV, 295)

... la extraña idea que tiene el español de los escritores, sobre todo el político. El escritor no puede vivir de su oficio, pero opina. Y aquí está lo grave. Desde el momento en que opina es responsable. El escritor ha dicho que creía que iba a llover, han pasado días y ha llovido demasiado; pues que el escritor se vaya a trabajar y a quitar los charcos, mientras el obrero consciente o el político están en el café o en su casa, charlando y diciendo necedades. Son ideas de bosquimano. *[1955]* (AP, 109)

*

[*escritura*] Toda obra literaria es en esencia una recapitulación. *[1918]* (HS, 322)

Hay que ver lo difícil, lo extraordinario que es escribir algo divertido y ameno. La gente no quiere creerlo así. Supone que es mucho más serio lo que le aburre que lo que le divierte; considera mucho más lógico que un señor gane cuatro mil duros por dormirse unas horas en un sillón que por escribir algo. Si a la mayoría le enseñan un mamotreto de abogado ilegible y le dicen: «Por esto se ha cobrado diez mil duros», le parecerá muy natural; pero si le mostraran una novela de cien páginas de Turguenief o un sainete de Molière y le dijeran: «Por esto se ha cobrado diez mil duros», le parecería un absurdo. *[1918]* (HS, 54-55)

Escribir con sencillez es muy difícil y exige mucho tiempo; más de lo que la gente se figura. *[1944]* (DUVC, I, 9)

Tenemos algunos el vicio de escribir. Es difícil curarlo. Únicamente si se dispusiera de dinero y de medios de distracción se podría mitigar este morbo.

Es un vicio contra el cual no se pueden poner leyes de castigo; hace más daño al que lo padece que a los demás. *[1947]* (DUVC, IV, 27)

No hay libro que no sea subversivo y la prueba es que la Iglesia católica prohíbe la lectura de la Biblia, que es la obra de donde vienen sus orígenes. *[1939]* (AH, 164)

*

[*escuchar*] Virtud bastante rara entre los españoles, que necesitan hablar y dar enseguida su opinión acerca de lo que entienden y de lo que no entienden. *[1948]* (DUVC, VI, 137)

*

[*España*] A mí, actualmente, España se me representa como algunas de las iglesias de nuestras viejas ciudades: un párroco mandó cerrar una puerta; otro cubrió con yeso unos angelotes porque eran inmorales; el que le siguió cerró una capilla con un altar, se tapiaron las ventanas, se abrieron otras, y, al ver ahora la iglesia, no se puede uno figurar su forma primitiva. *[1904]* (TA, 51)

Triste país en donde no se pueden satisfacer las tonterías que uno tiene; en donde no se puede llevar melenas, ni usar polainas blancas, ni intimar con su mujer en la calle, ni llevar un ramo de flores en la mano sin llamar la atención; triste país en donde tiene uno que avergonzarse de todo lo que es sentimental y humano, en donde hay un espíritu hostil a todo lo pintoresco y en donde el novelista tiene que inventar tipos porque no los hay.

(...) Triste país en donde por todas partes y en todos los pueblos se vive pensando en todo menos en la vida. *[1904]* (TA, 91, 92)

Yo quisiera que España fuera muy moderna, persistiendo en su línea antigua; yo quisiera que fuera un foco de cultura amplio, extenso, un país que reuniera el estoicismo de Séneca y la serenidad de Velázquez, la prestancia del Cid y el brío de Loyola. En ese foco de civilización hispánica, en que hubiera la reintegración de todos los sentimientos y de los principios étnicos que han constituido la Península, me gustaría ver el País Vasco como un núcleo no latino, como una fuente de energía, de pensamiento y de acción, que representara los instintos de la vieja y oscura raza nuestra, antes de ser saturada de latinidad y de espíritu semítico. *[1920]* (DA, 70)

Un país como el nuestro no se puede regir siempre por disposiciones generales. Cada pueblo, cada comarca, cada región debía tener su manera especial de regirse. Para esto tendría que conocer a fondo sus intereses particulares e intentar resolverlos a su modo. (...) La transformación de España tiene que ir de la periferia al centro. Del centro no pueden salir más que frases, retórica y dogmas. *[1932]* (OC, XIV, 1293-1294)

No hay pueblo en el mundo que haya hecho sin éxito tantas pruebas y haya defendido cosas tan diversas con tanto tesón, con tan poca habilidad y hasta con tanta estupidez. Nuestro país parece con frecuencia un manicomio o una plaza de charlatanes de feria.

Todas las utopías, todas las insensateces encuentran defensores. Enseguida hay alguno que las pone en artículos muy seriamente. Se han hecho trece constituciones desde las Cortes de Cádiz aquí. Se han hecho revoluciones, reacciones, guerras y pronunciamientos y nada ha dado resultado, porque todo se ha hecho a base de palabras sonoras y de elocuencia.

Lo único que no se ha ensayado todavía es algo sensato, tranquilo, sin estúpida retórica y a base principalmente de trabajo. *[1939]* (OC, XV, 56)

*

[*españoles*] Si un extranjero tuviese interés –que seguramente no tendrá ninguno– en desacreditar a España, en el mismo país encontraría las acusaciones más agrias y violentas.

El español, en general, ha sido petulante, malintencionado, de espíritu localista y un poco estrecho. (...)

Se ve que el español es agrio y negativo. Es un poco estúpido achacar a los de fuera el descrédito cuando los de dentro contribuyen a él con más fuerza, con más perspicacia y más saña. *[1934]* (OC, XIV, 1155-1156)

El español, y, en general, el latino (...), no tiene sentido del prójimo. No lo nota o hace que no lo nota. La psicología del meridional europeo es un tanto felina. *[1933]* (OC, XIV, 1161)

Respecto a las gentes hispanas, se han conocido tipos de espíritu noble y generoso, campesinos con unas ideas sencillas y una mirada leal.

No se puede creer que los españoles todos sean energúmenos, aunque ahora parece que forman parte de una tribu sanguinaria y asesina. No se puede creer que sean fieras dignas de exterminio. *[1939]* (AH, 149)

El ser español no era una recomendación. Era una época de desprestigio absoluto de España, de su vida, de su política, de sus costumbres, de su moneda, y aquel desprestigio acompañaba como la sombra a cada español en el extranjero. *[1945]* (DUVC, III, 129)

*

[*esperanza*] Y aunque tengamos la evidencia de que hemos de vivir constantemente en la oscuridad y en las tinieblas, sin objeto y sin fin, hay que tener esperanza. Hay que hacer que nuestro corazón sea como el ruiseñor, que canta en la soledad de la noche negra y sin estrellas, o como la alondra, que levanta su vuelo sobre la desolación de los campos a la luz pudorosa y cándida de la mañana. *[1917]* (NTA, 45-46)

*

[*espiritismo*] A pesar de su nombre es una de las formas más groseras del materialismo.

Detrás de él está el culto al Diablo, no un gran diablo a la antigua, sino un diablo en paños menores, como los antiguos duendes, un Satanás en calzoncillos y a precios módicos. *[1937]* (OC, XV, 145)

*

[*espíritu judío*] Está en muchos de esos hombres que han empujado a España a una guerra imbécil en Melilla; está en los que, después de explotar a rincones desgraciados de nuestro país, han tenido la estupidez de desear que España desaparezca y de gritar muera España, como si se pudiera desear la muerte de un país noble y desgraciado. *[1910]* (DA, 92; véase *separatismo*)

*

[*esteta*] Es curioso que a una persona que pueda mirar indiferente que el prójimo muera en una agonía dolorosa, le importe que el hombre de dentro de cien o doscientos años tenga la satisfacción de ver una buena estatua, un gran cuadro o un suntuoso edificio.

No es fácil saber si este sentimiento es de candor puro o de candor mezclado de hipocresía.

Para los cultivadores del estetismo, primero es el arte y luego los hombres, lo cual es una idea bastante absurda y disparatada. El arte vive en función del hombre, es para el hombre y solamente para él. El hombre no vive sólo en función del arte, sino de otras muchas cosas más. *[1947]* (DUVC, IV, 214)

*

[*Estévanez, Nicolás*] Ex ministro de la República Española del 73, era hombre simpático y alegre, un poco terco y arbitrario.

Había sido un revolucionario y quería seguir siéndolo.

Tenía una mentalidad un tanto rectilínea, la mentalidad clásica del hombre de acción, del rebelde.

Buscar en un revolucionario el ideario completo del intelectual lector de Nietzsche o de Bergson es una contradicción psicológica. El que tenga los recovecos del pensamiento, del filósofo, no podrá ser un político ni un hombre de partido. (...)

Era militar de alma. (...)

El que en un caso de guerra se ametrallara a un pueblo inocente se le antojaba un hecho natural, pero que en la prosa castellana se introdujera un galicismo, le escandalizaba. (...) Sentía el fervor del idioma. Yo es cosa que nunca lo he sentido. (...)

Estévanez, que podía haber sido en España capitán general, vivía pobremente, como un completo bohemio, de traductor. *[1947]* (DUVC, IV, 138-142)

*

[*estilo*] Lo que me falta principalmente para escribir el castellano no es la corrección gramatical pura, ni es la sintaxis. Es el tiempo, el compás del estilo. Es lo que choca al que lee mis libros por primera vez: nota algo que no le suena, y es que hay una manera de respirar que no es la tradicional. (...) La gente cree que piensa cuando emplea el mecanismo aprendido del lenguaje; y cuando oye que otro hace crujir las articulaciones del idioma, dice: «No lo sabe emplear». Sí lo puede saber emplear. Para decir vulgaridades lo sabe emplear cualquiera. Lo que sucede es que el escritor independiente quiere hacer del idioma una capa que se adapte a su cuerpo, y, en cambio, los castizos quieren modificar su cuerpo para que se adapte a la capa. *[1917]* (JE, 60)

*

[*eugenesia*] Para los profesores de eugenesia del porvenir –que quizá gobiernen el mundo alguna vez–, esta cuestión de la competencia o incompetencia de las razas tiene mucha importancia. No vale la pena de hacer perdurar gentes torpes e inútiles si hay posibilidad de poblar el planeta con otras hábiles y útiles que puedan dar el máximum de rendimiento humano. *[1933]* (OC, XV, 92)

Yo creo que, a base de maltusianismo y de eugenesia, se podría llegar en Europa a cierta purificación zoológica de las razas, que traería a la larga una purificación espiritual y un mayor tono de energía y de vida. *[1934]* (OC, XIV, 1326)

*

[*eunuco*] Todo el mundo tiene la posibilidad de ser eunuco; pero de ser eunuco por la fuerza a ser eunuco por afición, hay un abismo. *[1918]* (HS, 79)

*

[*Europa*] A mí siempre me ha parecido que Europa es una realidad geográfica y nada más. Desde el siglo XVIII corre la idea, que como muchas ideas falsas y teatrales ha tenido éxito, de que Europa es palabra sinónima de civilización. Los profesores han barajado este concepto pedantesco, lo han adornado con nuevas pedanterías y originalidades fáciles y parece algo.

Examinándolos detenidamente se ve que no es nada. Si fuera así, Bibi-les-cochons, Villa Porca o Machacón de Abajo no serían Europa, porque la estadística demostraría, y con la estadística la observación, que hay en esos pueblos un tanto por ciento de zoquetes que atufa. *[1934]* (OC, XV, 21)

*

[*euskarismo*] El euskarismo tiene vicios de los que no puede curarse; uno ha sido ése, el estar inspirado por clericales; el otro, el no tener respeto a la verdad. El euskarófilo miente con una buena fe jesuítica; ha lanzado una serie de infundios que se van a venir abajo cuando el vascuence y el País Vasco se estudien con seriedad. *[1918]* (DA, 82)

*

[*euzkadiano*] Ni san Ignacio ni san Francisco Javier se sintieron vascos, y desde que salieron de su país no se ocuparon para nada de él. Eran universalistas. No tenían nada de euzkadianos de su tiempo. Se puede sospechar que si hubieran vivido ahora hubiesen mirado con desdén las pequeñas lucubraciones sacristanescas de Sabino Arana y sus discípulos. *[1934]* (OC, XIV, 1002)

*

[*evolución... personal*] Evolucionar sería magnífico si se pudiera; pero no se puede evolucionar. Ésa es una ilusión. Seguir en la misma ruta induce a la exageración. Quizás aquí yo exagero lo típico, lo característico y lo romántico. *[1935]* (OC, XIV, 962)

*

[*exactitud*] Yo creo que hay que hablar de todo, a poder ser con exactitud, porque lo que no tiene importancia, si no tiene tampoco exactitud, entonces no vale la pena ni de señalarlo. *[1941]* (DUVC, I, 17)

*

[*excéntrico*] Todo el hombre que tiene una idea fija acaba convirtiéndose en extravagante para los demás. Lo mismo da que sea vegetariano, espiritista, teósofo, naturista o cualquier otra cosa por el estilo. La idea fija, cuando predomina, sea la que sea, basta para dar a una persona un carácter exaltado.

Entre los escritores quizás era donde había menos tipos de éstos, porque todos, o casi todos, eran tan solemnes como si fueran académicos de nacimiento. (...) Entre la gente que no asomaba a la literatura, había menos retórica y menos tendencia a lo altisonante. Si eran un poco chiflados, lo eran de una manera oscura y personalista. *[1947]* (DUVC, IV, 400)

*

[*existencialismo*] No creo en eso del existencialismo gran cosa (...). Yo no veo en lo que he leído sobre el existencialismo nada nuevo que no se haya dicho en filosofía.

Sobre la relatividad de la vida y del pensamiento del hombre, Protágoras y Heráclito dijeron todo lo que se puede decir; respecto a la angustia, al temor a perder la vida todas las religiones se han ocupado de ello. Tampoco hay aquí nada de una gran novedad.

Por último, he leído un melodrama titulado *Las manos sucias*, francamente malo. Si el existencialismo no puede presentar otras muestras de su vitalidad, se puede retirar por el foro. *[1947]* (DUVC, IV, 214)

*

[*éxito*] El éxito lo pueden hacer el público y los críticos. Actualmente lo hace más la crítica, porque el público tiene muchos asuntos para distraerse. *[1938]* (OC, XV, 249)

Hay escritores que tienen un gran éxito en su vida y después se oscurecen; a otros les pasa lo contrario. Con frecuencia, ni el gran éxito, ni el gran olvido, están legitimados, porque hay autores que no merecen ni este exceso de honor, ni esta indignidad. *[1943]* (OC, XV, 249)

100

Para tener éxito en la vida, se ha necesitado siempre la aventura y el comentario. *[1944]* (DUVC, II, 17)

El éxito rápido no se puede conseguir más que adulando al público pintándolo bueno, interesante, gracioso, amable; es decir, mintiendo.

Como el éxito ofrece muchas ventajas, aun en los países donde tiene menos influencia, el hombre capaz de hacer algo, de escribir con claridad, de pintar medianamente, se convierte en charlatán cuando entra en la lucha para conseguir singularizarse y ser conocido. *[1947]* (DUVC, IV, 30)

El mundo es cada vez más como una cucaña. El que no puede encaramarse y ve a otros en lo alto, piensa: «Si ése ha subido es porque le han dado medios que no le han dado a los demás». *[1949]* (DUVC, VII, 272)

*

[extremista] Un extremista es un doctrinario exagerado, intransigente, recalcitrante, que no admite términos medios. Parece que su alternativa para la mayoría de las cosas ha de ser: todo o nada.

Las gentes correctas y bien avenidas con su tiempo que se encuentran en una postura cómoda, los buenos burgueses gubernamentales con catorce sueldos –algunos con etiqueta socialista–, quieren creer que los extremistas son unos mentecatos caprichosos que, encontrándose en la abundancia de todo, les da la ventolera de ser insensatos, de protestar y rabiar. *[1932]* (OC, XIV, 1015)

Ya se ha gritado: «¡Viva la muerte!». Si hubiera la posibilidad del canibalismo, quizá sería el ideal de los extremistas. *[1939]* (AH, 120)

[*fama literaria*] Cuando se hace uno viejo, prefiere el silencio a la hostilidad. *[1934]* (OC, XIV, 1170)

No es que yo quiera coleccionar bombos. ¿Para qué? Eso es cosa fácil para el más modesto de los escritores. Siempre habrá algún amigo o algún compinche que elogie; pero eso no tiene ningún valor y no convence a nadie. El dicterio tampoco hace mucho efecto, pero a veces atrae al lector y hay varios escritores que se leen y se tiene curiosidad por sus obras porque se habla mal de ellos. *[1944]* (DUVC, I, 201)

*

[*familia*] ¡Tener un chico malhumorado, descontento, que se pareciera a mí! ¡Qué cosa más desagradable! Esa vida de las familias en la ciudad, llena de pequeños cuidados y miserias, me repugna. Me hubiera gustado tener una gran familia viviendo en una granja en América o en Australia, con una vida amplia, fácil. Pero, ¡aquí! ¡En esta estrechez! ¡En esta mezquindad! De empleadito, de mediquito; no, no. *[1918]* (HS, 53)

*

[*fanatismo*] El fanatismo religioso y el fanatismo liberal han de ser un obstáculo enorme para la redención de España. Los fanáticos en religión impedirán la evolución del sentimiento religioso; los fanáticos de la democracia, considerando intangible el sufragio, la libertad de prensa y el parlamentarismo, impedirán la evolución de la idea política. *[1904]* (TA, 52)

La verdad con fuerza ejecutiva es el ideal de los fanáticos. *[1918]* (DA, 121)

*

[*fauvismo*] Es ridículo que se hayan llamado algunos pintores fauvistas o fieristas, como si quisieran amenazar al mundo con sus pinceles y su aceite de linaza. (...) Fieras, ¿contra quién o contra qué?

Yo no veo el heroísmo de poner el rojo al lado del blanco o el negro al lado del azul. *[1947]* (DUVC, IV, 215-222)

*

[*favor*] En política, en literatura, en el trabajo, pedir el favor es una vergüenza; en cambio, en el amor, en la religión, en las cosas que nos parecen más serias no pedimos justicia, sino favor, es decir, la suerte casual y sin merecimientos. *[1918]* (HS, 35)

*

[*fidelidad*] Resto de herencia entre españoles, y, en general, latinos, debe de ser la idea de que, en cuestiones amorosas, es lícito engañar. En los pueblos del norte de Europa esta idea no existe, o, por lo menos, no existe con tanta fuerza. Yo siempre he creído que engañar a un hombre o a una mujer es lo mismo; pero la mayoría de los españoles no lo creen así. Yo he oído a don Juan Valera contar historias, un poco verdes, de engaños hechos a mujeres, riéndose a carcajadas. A mí me ha parecido que engañar a una mujer, a un hombre, a un viejo o a un niño siempre es engañar. No se comprende cómo se puede hacer la distinción y decir: «Este señor es un hidalgo, un caballero. Tiene palabra para los hombres, pero no para las mujeres». *[1933]* (OC, XIV, 1297)

[*flâneur*] Yo no sé quién se ha asombrado de que el papana-
tas sea capaz de pasar horas enteras mirando una pared, detrás
de la cual se dice que pasa algo. A mí esto no me parece raro.
[1933] (OC, XIV, 969)

*

[*Flaubert, Gustave*] Si Flaubert, que a mí no me parece hombre de grandes facultades, hubiera tenido la moral literaria de
Galdós, no hubiera sido nada. No hubiera pasado de ser uno
de tantos novelistas franceses de la época, pero Flaubert creyó
que el éxito en la novela estaba en la prosa exacta y trabajada,
y la trabajó con furia hasta lo último con todas sus fuerzas.
[1947] (DUVC, IV, 87)

*

[*fotografía*] Las fotografías me fastidian, no tengo ningún retrato mío de joven, y me alegro; me molestaría verme cómo era
hace treinta años. *[1918]* (HS, 146)

Algunos de los pintores actuales son tan zoquetes, que no
comprenden que la fotografía no es la realidad ni mucho menos.
[1944] (DUVC, I, 124)

*

[*fracasado*] El extremista de la burguesía es el médico, el
abogado, el ingeniero, el militar, el periodista que no es del montón, pero que tampoco tiene energía o habilidad para destacarse
y ponerse en primera fila. (...)
Hay en él también una tendencia a la inadaptación. (...)
La calidad de desterrado, de desdeñado, le hace más agrio y
descontento. No puede vivir con los del montón, que le parecen
animales de rebaño satisfecho en su mediocridad. (...)

Nuestro fracasado es un rencoroso y un hiperestésico. Siente los golpes y las humillaciones de una manera exagerada. Habla mal de todo el mundo. (...) Si es aficionado a escribir, un día salta con un artículo acre en un periódico contra algún colega ilustre que ha dicho una sandez. Aunque tenga razón todo el mundo le da de lado. *[1932]* (OC, XIV, 1019)

*

[*France, Anatole*] Tenía una cabeza de pepino, cabeza como de zuavo de pipa; un cuerpo de gigante, unas manos enormes; y, con todo esto, un endiosamiento extraordinario. (...)

Parece que era hombre de poco fiar y capaz de hacerle una trastada al lucero del alba. (...)

Hoy parece que se le lee muy poco. (...)

Anatole France dice hablando de Dickens que es un exaltado absurdo y que si ve a un borracho que pega a una chiquilla de la calle se excita y le parece algo bárbaro que clama al cielo. Pero eso nos pasa a todos. Yo, al menos, si viera en una calle que le pegaban a una muchachita o a un hombre con aire de gendarme como Anatole France, si pudiera iría a defender a la chiquilla; al tipo como Anatole France le dejaría que se las arreglara él como pudiera. *[1947]* (DUVC, VII, 198-200)

*

[*franceses*] Hay siempre en el francés esa ridícula petulancia patriótica y esa falta de humanidad que no les ha permitido nunca tener héroes naturales. *Qu'il mourut!* Esa frase de Corneille es la quintaesencia de la majadería francesa. ¡Cuándo un romano de verdad iba a decir esta tontería! *[1918]* (HS, 201)

*

[*Francia*] ¡Qué he de tener desprecio por Francia! Sería un imbécil si lo tuviera. Al revés: siento envidia, cuando voy a Francia, al ver un país tan fértil, tan bien cuidado, con ríos tan her-

106

mosos, con ciudades tan espléndidas, y en el cual no tiene uno derecho de ciudadano.

Ya he dicho varias veces que para mí Francia es el primer pueblo, el mejor situado, el que tiene un clima de Europa más propicio; por lo tanto, aquel que puede tener condiciones de alimentación, de vida y de cultura general más completas. De eso a que sea indiscutible, a que tenga razón en su soberbia, en su vanidad, a que quiera ser el árbitro de todo, hay una gran diferencia. *[1918]* (HS, 72)

*

. [*franqueza*] ¿Qué puede ser la franqueza? La sinceridad, la sencillez, en el fondo, la verdad. Déle usted, si quiere, a esta verdad un aire generoso y jovial, pero siempre la base de la franqueza será la verdad. (...)

El alcaloide de la franqueza es la veracidad. Ahora yo pienso que con la veracidad no se puede vivir, a no ser que quiera uno meterse en un tonel e imitar a Diógenes. La veracidad lleva al cinismo. (...)

Yo digo: franqueza, virtud basada en la veracidad, en la verdad; veracidad, condición inútil y hasta funesta para la vida social. *[1935]* (OC, XIV, 1186)

*

[*fraternidad*] Todos los hombres somos hermanos, han dicho las religiones. Sin embargo, ¿cuándo los hombres se han comportado fraternalmente? Nunca, jamás. (...)

El valor del prejuicio es terrible. *[1918]* (MC, 255)

La gente ama a la humanidad en abstracto, quizá porque la odia en concreto. Se entusiasma con las grandes frases caritativas o filantrópicas, pero le importa poco el vecino miserable; se siente fraternal con los hombres; pero le basta una pequeña ofensa o una rivalidad para mostrarse como una fiera. *[1933]* (OC, XIV, 1263)

*

[*frivolidad*] Si fuéramos más sensatos, si tuviéramos ideas sólidas, no podríamos vivir. La frivolidad es un bien que nos otorga la providencia. *[1904]* (TA, 63)

*

[*fundamentalismo*] Cuando se ve a un moro que tiene en un libro toda la verdad, se comprende que su raza no podrá dar nunca un Kant o un Newton. La mayoría de los españoles y la casi totalidad de los vascos son moros que, en vez de llevar el Corán, llevan en el espíritu la doctrina del Padre Astete. *[1918]* (HS, 60)

[*Gadex, Dorio de*] Entre los bohemios madrileños había muchos que eran bastante insignificantes. Uno de éstos era el que se firmaba Dorio de Gadex, pobre diablo llorón, que no tenía ningún talento. Éste se llamaba de apellido Rey Moliné; era gaditano, hablaba de una manera aparatosa, echándoselas de hombre de gran cultura, y no sabía nada de nada. A veces le decían frases duras, burlonas, que le hacían llorar, cosa que era poco agradable de ver. Después, este Dorio de Gadex se casó con una mujer ya vieja que decían tenía dinero e iba a los teatros con ella y se las echaba de elegante y no quería hablar de sus antiguos conocidos. *[1918]* (HS, 418, véase *bohemia*)

*

[*galas retóricas*] No es raro que haya sido abominador de la oratoria y de la retórica en un pueblo como el español, sobresaturado de retórica y oratoria, que no le permite ver la realidad. *[1924]* (DA, 20)

... Me parecen adornos de cementerio, cosas rancias, que huelen a muerto. *[1908]* (LDE, II)

*

[*Gálvez, Pedro Luis de*] Era un hombre absurdo; yo creo que un tipo patológico. (...) Era bohemio por naturaleza y no podía acomodarse a la vida reglamentada. No creo que fuera un exaltado de ideas políticas; pero, sin embargo, comenzó a actuar como republicano y como sindicalista (...). Estuvo, al parecer, en Ocaña, y de la vida de presidiario contaba horrores, que, sin duda, por una perversión psíquica, le atraían (...). Para lo único que tenía afición era para hacer sonetos; los fabricaba como quien hace buñuelos, y algunos, según decían, muy bien. (...) Era un diletante del sable. Tomaba lo que le daban: un duro, dos duros, tres perras gordas. (...) Creo que el odio que se desarrolló en Gálvez durante la guerra fue un complejo de sadismo por humillaciones reprimidas que habían fermentado en su espíritu (...). Perezoso como un turco y un alcohólico inveterado. *[1947]* (DUVC, IV, 147-149)

*

[*gamberro*] El «gamberro», en general, es un mozo que toma una actitud desvergonzada, hace gala ante el público de ser impertinente, atrevido, irrespetuoso. Alardea de procacidad y de insolencia.

Este tipo insolente, un poco en bruto, se da más que en ninguna parte en las provincias del Norte de España, principalmente en las Vascongadas, en Navarra y algo en Santander y en Asturias. *[1934]* (OC, XV, 131)

*

[*Gaudí*] Yo no quisiera vivir en una de esas casas que tienen las puertas parabólicas y los balcones torcidos y las ventanas irregulares; me parecería que me había vuelto loco o que me encontraba preso de los ensueños de una digestión difícil. *[1910]* (DA, 94)

*

[*generación del 98*] La generación de 1898 era una sociedad secreta. *[1904]* (TA, 125)

Yo no creo que haya habido, ni que haya, una generación de 1898. Si la hay, yo no pertenezco a ella. (...) Una generación que no tiene puntos de vista comunes, ni aspiraciones iguales, ni solidaridad espiritual, ni siquiera el nexo de la edad, no es generación; por eso la llamada generación de 1898 tiene más carácter de invento que de hecho real. *[1924]* (DA, 22)

En España se ha inventado, para explicar la revolución, esa generación fantasma de 1898, que es una entelequia que sirve de blanco. Es como el chivo emisario, o como alguno de los sortilegios de los pueblos salvajes. *[1939]* (AH, 111)

Acerca de este nombre de generación del 98, que defiende siempre con entusiasmo Azorín, no veo claramente ni la exactitud ni la ventaja.

Sobre la exactitud, ya he dicho repetidas veces que la denominación no me parece exacta. Respecto a la ventaja, tampoco la advierto.

Hemos aguantado los incluidos en esa generación una serie de hostilidades de distintos grupos tradicionalistas, republicanos, socialistas, anarquistas y comunistas. ¿Para qué insistir en eso del 98? Yo no le veo el objeto. Si fuera un hecho comprobado, como la teoría de Copérnico, no habría más remedio que aceptarlo; pero no se ve la comprobación por ninguna parte y no nos ha servido más que para ser insultados y denigrados. Hace diez o doce años, éramos todavía una media docena y podíamos repartir equitativamente el peso de la antipatía pública; pero ahora que no somos más que dos o tres viejos, el recrearse en eso me parece una manifestación de masoquismo. *[1944]* (DUVC, I, 170)

No es fácil saber hoy si esta generación o pseudogeneración nuestra que se llama del 98, y de la que se ha hablado tanto, es algo corriente o tiene cierto valor de excepción; pero no cabe duda de que si los gobiernos coartan la libertad de pensar a la gente nueva e impiden que escriba con independencia y la somete durante largo tiempo a una norma de censura, esa generación del 98, que naturalmente no era generación, por contraste, se consolidará como tal, quedará como una sierra aislada sin estribaciones, sin colinas alrededor que la oculten, y se destacará y tomará en España con caracteres míticos. *[1947]* (DUVC, IV, 170)

En París, unos jóvenes diplomáticos del Gobierno republicano se lanzaron contra mí y me dijeron que la culpa de lo que estaba pasando en España era de la generación del 98.

–Qué generación ni qué nada –les repliqué yo–. Todo eso es una novela para cocineras. Lo que pasa es que ustedes temen perder los cargos. *[1947]* (DUVC, IV, 346)

*

[*gente normal*] Sólo el hombre completamente estúpido es perfectamente normal. *[1934]* (OC, XIV, 1065)

*

[*gente de orden*] Entre los que toman la actitud de defensores de la sociedad hay gentes que lo hacen con un fin utilitario.

Éstos son como los criados de una finca que insultan al vagabundo que, al pasar, ha cogido una flor del jardín o una manzana del huerto, y levantan la voz para que se note su oficiosidad. Gritan alto con objeto de que el amo les oiga: ¿Cómo se atreve ese vagabundo a coger flores en la finca? ¿Cómo se atreve a burlarse de nosotros y de nuestros señores? ¿Es que un desharrapado, un hombre sin respetabilidad social va a decir impunemente que nuestros prestigios no son prestigios, que nuestros honores no son honores y que somos unos pobres badulaques?

Sí, lo diré; lo diré mientras lo crea así.

Podéis gritar, robustos jayanes de vistosa librea; podéis ladrar, perrillos falderos; podéis guardar vuestros puestos avanzados, aduaneros y carabineros; yo contemplaré vuestra finca, que es también la mía; cogeré en ella lo que pueda y diré de ella lo que me parezca. *[1918]* (HS, 73)

112

*

[*Gide, André*] El caso (...) es sintomático: después de tantos escrúpulos monjiles, de tantas reservas mentales, y de tantas *mignardises*, ha terminado haciéndose comunista con la serenidad de un maestro primario. *[1939]* (AH, 61)

André Gide cuenta que Oscar Wilde le decía que no le gustaba la línea de sus labios, porque le daba la impresión de que no sabía mentir. Yo creo que ésta es una de las mejores cualidades de Gide, porque, aunque, como todos los demás escritores, pueda equivocarse, evidentemente busca, como puede, la verdad. *[1944]* (DUVC, I, 114)

Entre las primeras (obras) hay algunas muy significativas, como *El inmoralista*. Si todo el mundo pudiera escribir una obra así de sí mismo, ¡qué humanidad la nuestra! (...) Yo no soy muy partidario de la mentira protocolar, pero se comprende que la verdad cruda en la vida sería terrible.

André Gide, ya de viejo, está a la defensiva. No comprendo tanta preocupación y tanta cautela como tiene Gide para hablar de su homosexualismo supuesto ya cerca de los ochenta años. *[1947]* (DUVC, VII, 204)

*

[*gitano*] Es extraño cómo se puede vivir así, recorriendo países siempre en calidad de enemigos, en piratas de tierra, mirados por la gente de los pueblos por donde pasan con odio y con desprecio.

No se puede decir que ellos, advenedizos en todas partes, no sientan hostilidad. Se ve que la sienten. Si para el campesino el gitano es un personaje indeseable, para el gitano el payo o el *busné* es un enemigo nato de su raza, a quien se puede impunemente robar o engañar. *[1934]* (OC, XIV, 989)

*

113

[*gloria*] Ortega y Gasset dice que para mí la gloria se presenta reducida a las proporciones de una grata sobremesa.

Es verdad. Es una de las formas simpáticas de la gloria el ser aceptado entre gente amable, inteligente y cordial. (...) Todas las formas del halago que pueda producir la gloria, las veo siempre bajo techado. A mí, lo que no sea íntimo, no me llega a entusiasmar (...). Cuando sea ya del todo viejo, espero tener un sitio donde tomar el café entre gente amable, en un palacio o en una portería; el homenaje de las banderas, comisiones y estandartes, no lo espero ni lo deseo. Ni el laurel, ni la percalina me seducen. *[1917]* (JE, 70)

*

[*Goethe, Johann W.*] He leído el teatro de Goethe y un tomo de su *Correspondencia*, y me han dado una impresión de superioridad enorme.

La lucidez y la continuidad de la inteligencia de este hombre son maravillosas. Ni en su inteligencia ni en su voluntad hay eclipses ni confusiones. Siempre parece ecuánime, siempre curioso por todo, siempre capaz de comprender las cosas más diversas.

Tanto como su inteligencia y sus obras se puede admirar en el poeta su vida. Goethe convivió con los hombres más ilustres de su tiempo, y no sólo convivió con ellos, sino que los comprendió.

Esto es lo que más envidia me causa. ¡No vivir entre brutos! Qué pocos tendrán esa dicha. [1918] (HS, 160)

*

[*golfo*] Era el producto podrido de la ciudad grande, el detritus de la urbe, que observaba, naturalmente con odio, cómo en el banquete de los privilegiados no le quedaban para él ni unas migajas. *[1934]* (OC, XV, 132)

*

[*Gómez de la Serna, Ramón*] Luis Esteso (...) como cómico

era, evidentemente, malo, y tenía una gracia burda, mecánica, parecida a la de Gómez de la Serna. Esta clase de humor aparatoso y sin alegría era un reflejo de todos los absurdos que se inventaron en París al terminar la guerra de 1914, es decir, del dadaísmo, del futurismo, del surrealismo, etc., etc., (...). A mí siempre me pareció Gómez de la Serna un hombre sin gracia, de una abundancia fofa, un sinsorgo, como dicen en Bilbao. *[1945]* (DUVC, III, 43)

La tertulia de Gómez de la Serna, a la cual yo no he asistido, estaba, al parecer, calcada sobre las de París. Era, como éstas, defensora de todas las extravagancias de última hora, y, al mismo tiempo, de un practicismo próximo a la cuquería. (...) Cubista y conservador es cosa rara. Gómez de la Serna hacía esta mezcla, esta simbiosis con una habilidad de dueña de pensión para jóvenes prudentes de clase media y bien acomodada. *[1945]* (DUVC, III, 268)

De Gómez de la Serna (...) creo que no se sacará nada, todo es bazofia, jerigonza de la época. No tiene exactitud, no tiene gracia, son gesticulaciones del momento, de las que no queda nada. *[1947]* (DUVC, IV, 195)

Siempre ha sido un tanto huero y lo seguirá siendo toda la vida. *[1947]* (DUVC, IV, 290)

Obsesionado por la fama, y con el nombre; que tiene una política y una estrategia. *[1947]* (DUVC, IV, 296)

*

[*Gorki, Máximo*] Como explorador de la sociedad ha descubierto la vida del garito, de la taberna, la vida criminal y maleante en Rusia; como escritor, ha puesto de manifiesto las condiciones sólidas de su temperamento inquieto, su realismo pujante, sus ideas valientes que nacen de un concepto del mundo original y atrevido. (...) Gorki arroja la deformidad moral sobre la sociedad y la defiende como buena. Gorki no contempla sus tipos con los ojos del hombre de orden horrorizado del crimen, que pide educación o cárceles, ni con la mirada de dolor de un pietista cristiano; al revés, Gorki considera sus vagabundos criminales como héroes, se burla del ciudadano de instintos débiles; para él sus compañeros de crápula, sus amigos, los ladrones y asesinos, son los verdaderos representantes de la fuerza del pueblo no domeñada aún por las leyes. Cierto que no espera de ellos la regeneración de la sociedad, pero eso no le impide admirarlos y enaltecerlos. *[1904]* (TA, 66-67)

*

[*gracia*] No la tenemos los latinos. El latino tiende a la retórica y a la elocuencia, es naturalmente sociable, y la burla la considera como un insulto. El germano y el anglosajón son más analíticos, más introspectivos, de más vida interior, y se burlan a veces de sí mismos y de sus preocupaciones con una carcajada pánica. De aquí nace el humorismo en la literatura y el clown en el circo.

El latino más que a la burla, tiende a la exasperación. *[1941]* (OC, XV, 108)

*

[*Green, Julien*] Escribe muy bien. Su prosa da la impresión de algo tallado en bronce. Es una prosa fría, glacial, verdaderamente magnífica. No es prosa de adornos que a mí no me gusta nada, sino una prosa de aire exacto, de aire ajustado a la realidad. *[1947]* (DUVC, IV, 226)

*

[*Gris, Juan*] De verdadero apellido González. En Madrid le conocimos como dibujante mediano, y luego, cuando fue a París, comenzó, no sólo a pintar, sino a teorizar, y tomaron sus lucubraciones pesadas y vulgares por algo digno de Platón. *[1944]* (DUVC, I, 124)

116

*

[*grosería*] No es la claridad, ni la crítica implacable, la que deriva a la grosería, sino más bien un deseo de mostrarse rudo y tosco. *[1956]* (OC, XV, 784)

*

[*guerra*] Me parece la guerra social e individual la fórmula más natural y lógica de la existencia. *[1932]* (OC, XIV, 1294)

Yo comprendo que no se quiera ir a una guerra de conquista, pero a una guerra de defensa, no lo veo tan claro. *[1955]* (AP, 105)

*

[*guerra civil*] En el momento actual no se quiere aceptar gente independiente. Hay que ser fascista o comunista. Esta intransigencia, unida al fondo plebeyo y rencoroso de los políticos españoles, engendra el odio. *[1939]* (AH, 144)

La guerra civil no muestra sólo la crueldad y ferocidad naturales del hombre, sino una crueldad alimentada por principios, defendida por un sistema. En toda guerra civil hay un fondo religioso.

En la guerra civil alienta el odio más puro, porque no sólo se quiere vencer, sino castigar al enemigo; hay la pedantería unida a la tendencia al sadismo, la defensa de la doctrina aliada al placer de matar y de hacer sufrir. En la guerra civil todas las maldades están reunidas.

Los hombres contemplan a sus enemigos como podrían hacerlo hace miles de años los habitantes rivales de las cavernas, cuando todavía les quedaba el ímpetu del gorila. *[1939]* (AH, 151)

El Apañadico, durante la segunda guerra civil, yendo en una partida, cogió a seis liberales y a uno solo fusiló.

–¿Y por qué? –le preguntaron.

–¡Era un rubico más atravesao!

Así se explica la brutalidad y el capricho de las guerras civiles. El hombre es un animal cruel, cobarde y caprichoso, y lo será siempre probablemente. *[1949]* (DUVC, VII, 254)

¡La guerra! Me parece una estupidez y una brutalidad, que no resuelve nunca nada. Es el reino de las malas pasiones, de la estafa y de la mentira. Se dice que se pelea por la patria. Yo creo que donde hay despotismo y no hay libertad no hay patria. *[1950]* (ECV, 57)

Acepto el peligro de la bomba de avión o de los gases asfixiantes, de la mina que estalle en el campo, pero el peligro de la guerra civil, eso nunca. La broma y la crueldad del canallita que juega con el prisionero... de ninguna manera... ni hablar.

*

[*Guipúzcoa*] Yo, por inclinación, soy guipuzcoano. Guipúzcoa es la provincia donde he nacido y por la que tengo más inclinación. Esta pobre Guipúzcoa tan pequeña, tan arreglada, tan discreta, se ha achabacanado por los propios y extraños hasta hacerse un país de cursilería en lo alto y de ordinariez y gamberrismo en lo bajo. *[1944]* (DUVC, II, 19)

En estos cincuenta años, ha quedado aplastada por completo, ha perdido su espíritu. Los forasteros de cerca y de lejos le han quitado el sello particular que le quedaba. *[1944]* (DUVC, II, 330)

*

[*Gutiérrez-Solana, José*] (hermanos Solana) Al principio muy rojos y luego muy falangistas, y siempre muy cucos. Solían hacer el reclamo de la pintura de la familia con mucha habilidad.

Solana, al instalarse en la Ciudad Universitaria, tenía marcada antipatía por los estudiantes franceses, que no se ocupaban de él.

A mí algunos de ellos y de ellas me conocían; habían leído algo mío y me saludaban con amabilidad. A Solana evidentemente no le conocían y esto le producía un sentimiento de malevolencia y de rencor expresado de una manera un poco zafia. Un día:

–Estas mujeres que no hacen más que bañarse me dan asco. (...)

Alguna vez comí con los Solana; pero luego, no. Solana, el pintor, se mostraba como un gañán, cogía las chuletas con los dedos, se llenaba la cara de grasa y luego tiraba los huesos al suelo. (...)

Tenía una serie de frases de pedantería estética. (...)

Dentro de su tipo patológico, Solana era un cuco, que tenía mucha más gramática parda que otras gentes que pasaban por listas y avispadas. (...)

En París, en donde tenía su estudio en el Colegio de España, me mostró unos cuadros negros y de aire sucio, que a mí no me gustaron. (...) Esta pintura de Solana me parecía un poco *pastiche*, salida de inspiraciones del museo. (...) Unas veces se ve a Goya, otras al Bosco, a Brueghel, y otras a Regoyos. La obra de Solana, creo yo que es parecida a la de Romero de Torres. Éste tiende a la España convencional, un poco de pandereta, y el otro a lo fúnebre y a lo negro.

Se ha querido pintar a Solana como si fuera un hombre de intuiciones no ya artísticas, sino políticas y filosóficas.

Pura tontería. (...) Tenía un espíritu pequeño y rencoroso. La fama del uno o del otro le ofendía. (...)

En mucha de esta pintura de Solana hay algo de caricatura de Goya, y algo imitado de Regoyos y de su España Negra. (...) Era un pintor basto y desagradable. No tenía más que un espíritu de malevolencia vulgar. Ahora esta malevolencia grosera a mucha gente le parecía genialidad. *[1947]* (DUVC, IV, 285-293)

[*hampa*] Hay un hampa o golfería miserable que se refugia en los barrios pobres, como las Injurias, las Cambroneras, el barrio de los Hojalateros y los Cuatro Caminos. La componen los que viven de la busca, pidiendo limosna, mangando lo que se tercia; forma este hampa el mundo de los randas, mangantes, descuideros, ninchis, golfos propiamente dichos, como diría cualquier profesor de los nuestros, y golfolaires.

Por encima de éste hay otro mundo de hampones que tienen sus reales en un espacio muy reducido del centro de Madrid. Este mundo comienza en el organillo que se llama a sí mismo pianista, y concluye con el presidente de cualquier círculo o casino, un buen señor que gasta coche y se tutea con el delegado del distrito. En esta honrada congregación están comprendidos muchos de estos tipos, mixtos de chulos y de polizontes, que se ven a altas horas de la noche en los colmados y tabernas de Madrid, los *croupières*, los pinchos de las casas de juego y los matones.

Más arriba aún está la golfería financiera, la golfería política, y en la cúspide, coronándolo todo con los cuarteles nobiliarios de sus escudos, la golfería aristocrática. *[1904]* (TA, 73-74)

*

[*Harte, Bret*] Que ha pintado la vida aventurera de California y del Occidente americano, con sus buscadores de oro, ha sido, además, un gran humorista. *[1904]* (TA, 66)

*

[*Hegel*] Del barullo y de la palabrería hegeliana puede salir todo: el cosmopolitismo, como el nacionalismo, el despotismo y el socialismo. *[1932]* (OC, XIV, 1283)

*

[*Heine, Enrique*] Parece una mujer guapa que hace monerías sabiendo que es guapa y confundiendo la gracia natural con el amaneramiento. *[1918]* (HS, 41)

*

[*herencia*] En la vida todo es recuerdo, recuerdo no sólo individual, sino colectivo, recuerdo que se puede decir que es consciente e inconsciente, porque en él va, no sólo los datos de nuestra existencia, sino los de la existencia de nuestros antepasados. Somos el resultado de una raza, de un ambiente y, por tanto, de un clima material y espiritual. (...) De la herencia hemos salido, y orgánica e intelectualmente, no somos, cada uno de nosotros, más que un producto de ella. *[1944]* (DUVC, I, 32-35)

*

[*hermandad latina*] Un trasto viejo mandado recoger. *[1917]* (NTA, 145)

*

[*héroe*] Queda el hombre, el hombre, que está por encima de la religión, de la democracia, de la moral, de la luz y taquígrafos, de los versos de Núñez de Arce y de las aleluyas de Campoamor...; queda el hombre, es decir, el héroe, que en medio de las tempestades, de los odios, de los recursos de la mediocridad, de la envidia de los hombres cetrinos con las vejigas calculosas, impone una norma difícil a los demás; sí, queda el hombre, el héroe...

¡Oh tú, joven lector! Si te sientes hombre, si te sientes héroe, si te sientes con fortaleza para serlo, no vaciles, no oigas a las sirenas de aspecto hepático que encuentres por las calles; no hagas caso de las viejas momias ni de supersticiones cristianas; sacrifica tu dicha, sacrifica a tu prójimo, sacrifica todo lo sacrificable... porque vale la pena. *[1917]* (NTA, 140)

*

[*hipocresía*] Lo que predispone a la hipocresía en una sociedad es ver que detrás de una fraseología idealista la vida es sucia y llena de inmoralidades. Son más repulsivas las gentes que presumen de austeras y son ruines y crapulosas, que los hombres viciosos que no presumen de nada y no pretenden ser modelos de conducta. *[1934]* (OC, XIV, 1005)

Tengo admiración por la persona que siente de verdad los sentimientos caritativos y piadosos; pero las gentes que los fingen y que creen que unas cuantas frasecitas retóricas son iguales a los sentimientos profundos, ésas me dan risa.

Fuera de los filántropos y caritativos auténticos, prefiero los cínicos a los hipócritas; los que alardean de su barbarie, más que los que hacen gala de su sentimentalismo.

Prefiero la ley del talión a la hipocresía. *[1944]* (DUVC, I, 71)

*

[*historia*] La única posible verdad de la historia se encuentra en el dato. *[1904]* (TA, 122)

La historia es traidora, la historia es reaccionaria, la historia trata de escarmentarnos con el ejemplo; pero, afortunadamente, los pueblos no tienen memoria y olvidan a los tiranos y olvidan a sus verdugos. Es la manera mejor de vengarse de ellos. *[1910]* (DA, 104)

Los datos que molestan, se escamotean cuando no conviene exponerlos. *[1918]* (MC, 256)

Por mucho que se quiera, la historia es una rama de la literatura que está sometida a la inseguridad de los datos, a la ignorancia de las causas de los hechos y a las tendencias políticas y filosóficas que corren por el mundo. Cuando el autor escribe no puede prescindir de todo ello (...). La historia es tan obra de la fantasía y de la retórica como cualquier otro género literario (...). Es más exacta la novela buena para reflejar un medio social que el libro histórico excelente (...). Todo esto y algo más que se podría añadir hace que la historia siga perteneciendo a un arte literario inseguro y fantástico y que probablemente siempre le pasará lo mismo. Su objetividad es, pues, muy poco auténtica. *[1941]* (OC, XV, 80-82)

*

[*histrionismo*] En el fondo, todo español, como todo meridional, es histrión y sueña con ser político y tomar posturas ante el público. Si es abogado –¿y quién no lo es aquí?–, el histrionismo informa su vida entera. *[1931]* (OC, XIV, 373)

*

[*Hogarth, W.*] Como caricaturista tiene una furia moralizadora que puede compararse a la de Swift. *[1945]* (DUVC, III, 314)

*

[*hombre*] El hombre actual no quiere ya directores. Ha visto que porque un hombre lleve unos pantalones rojos o una sotana negra, o escriba frases en renglones cortos, no vale más que él, ni es más valiente que él, ni es más moral que él, ni más sentimental que él.

El hombre de hoy no quiere magos, ni hierofantes, ni misterios. Él puede ser, cuando le conviene, cura, militar o guerrero. No necesita especialistas en valor, en moral, ni en sentimentalidad. Lo único que necesita son hombres sabios y hombres buenos. *[1917]* (JE, 166-167)

Por instinto y por experiencia, creo que el hombre es un animal dañino, envidioso, cruel, pérfido, lleno de malas pasiones, sobre todo de egoísmos y de vanidades. *[1944]* (DUVC, I, 72)

El *homo sapiens*, que no es casi nunca sapiente, es un animal falso, cruel, hipócrita, sanguinario, cobarde. Reconozcámoslo también y sigamos sin detenernos. Que hagan los legisladores un régimen sabio para domesticarlo. *[1943]* (OC, XV, 229)

En el fondo se ve que el hombre no ha variado desde las épocas más antiguas acá. Sigue siendo el animal astuto, cruel, cobarde y sanguinario que ha sido siempre, y probablemente lo será, a pesar de todas las utopías y de los sueños que le sirven para hacerse ilusiones. *[1947]* (DUVC, IV, 78)

El hombre actual ha de ser villano, más miserable, más cruel, más egoísta que nunca. Esclavo del Estado, hará lo que éste le mande, por miedo, aunque sus órdenes sean criminales (...). Es la única verdad de las ideas reaccionarias. *[1955]* (AP, 192 y 141)

*

[homosexualidad] Según López Silva y sus amigos, modernista y esteta eran palabras sinónimas de pederasta. Esta insólita opinión de un burgués amanerado y tenedor de libros tuvo su éxito. *[1945]* (DUVC, III, 13)

El homosexualismo, como producto de ideas más o menos disociadoras, es una camama. El homosexualismo es una equivocación de la sabia Naturaleza, que se ha dado en todos los medios, en todas las razas y en todas las categorías sociales (...). Unas veces se perseguirá con el hierro y con el fuego; otras veces habrá cierta transigencia, pero creo que las ideas literarias no tienen nada que ver con eso (...). La cuestión tiene poco interés; pero siempre convenía aclararla e impedir que sirviera de arma de combate a los buenos burgueses, a los burócratas y a los horteras. *[1945]* (DUVC, III, 15)

A mí, al menos, es cuestión que no me interesa nada. No creo que tenga más importancia que un catarro gástrico o una cirrosis hepática. *[1947]* (DUVC, VII, 204)

*

[*honradez*] Y tú, oscuro Iturrigoitia, pobre hombre tímido y cobardón que oyes la música del Casino desde fuera de la verja y crees que el que te digan que tu padre era honrado y que tú lo eres es para ti un gran mérito, aprende a ver un poco el mundo; deja tu pestífera modestia salpimentada de envidia y abandona para siempre tus conciertos gratis.

Aprende que el ser honrado por capricho, por sport, es una cosa digna porque es un juego, pero que el ser honrado pensando en los demás es una estupidez. Desde mañana, si puedes, defrauda; defrauda un poco, pobre hombre; todos te lo pasaremos si defraudas bien; chanchullea para que tu mujer tenga una criada y salga alguna vez de casa, para que tus hijos vayan a un colegio decente y tú puedas oír la música del Casino desde dentro de la verja, ya que éste es el pequeño ideal de tu pequeño espíritu. Sí, defrauda un poco, Iturrigoitia; no sabes tú qué cosa más triste, más lamentable es ver a un pobre hombre honrado, consecuente y quejumbroso. *[1919]* (CH, 243-244)

*

[*horticultura*] Éste es un país donde no se conoce más que el cultivo del cura. *[1918]* (HS, 136)

*

[*Hugo, Víctor*] No era un gran poeta lírico ni un gran novelista; pero como escritor era extraordinario, de una brillantez y de una retórica portentosa. A mí *Nuestra Señora de París* me contagió el sarampión gótico. Después de leer este libro, tenía gran entusiasmo y un profundo respeto por el arte ojival. Sentía

126

la enfermedad de la piedra tallada. Luego ya me curé de ella, como de otras muchas. *[1945]* (DUVC, III, 115)

*

[*Huysmans, Joris Karl*] A mí la literatura de Huysmans no me ha gustado nada. En su tiempo corría mucho todo eso del misterio y de las misas negras. (...)

A mí toda esa literatura de misterios me parecía siempre cosa de snobs. Huysmans no dejaba de tener talento, pero hacía una bazofia de mal gusto para los que se decían exquisitos.

Como decía Rosny, llevaba a la literatura el humor de sus digestiones. *[1947]* (DUVC, VII, 203)

*

[*humanitarismo*] El humanitarismo, en general, es una farsa. No hemos conocido a nadie que haya pensado: «El pobre vecino está enfermo. Yo quisiera que él se curara y que su mal viniera a mí».

Si asegurásemos una cosa parecida todo el mundo pensaría que es una frase hipócrita y sin ningún valor. *[1955]* (AP, 27)

*

[*humo*] El hombre primitivo, el troglodita, a juzgar por sus cavernas, no debía de sentir preocupación alguna por el humo. No le debía sentir ni le debía hacer llorar. Sin duda, no era un sentimental. *[1934]* (OC, XV, 42)

*

[*humorismo*] En general, tiene que haber un fondo de humanidad y de benevolencia para que brote el humorismo. El ingenio acre y rencoroso no lo produce. El caso de Chamfort lo demuestra. La acritud de Chamfort nunca tiene benevolencia y siempre es exclusivamente social. Si el rencor es una de las raíces de la planta del humorismo, la simpatía y la benevolencia son dos de sus tutores. *[1920]* (CH, 157)

El humorismo no puede resultar del que mira el mundo de abajo arriba. Quizá mejor puede producirse en el que mira el mundo de arriba abajo, pero la posición verdadera del humorista será estar al nivel de los demás, encontrarse, respecto de ellos, como la mujer de que habla Shakespeare en una de sus comedias con relación al hombre: ni más arriba ni más abajo, a la altura de su corazón. *[1920]* (CH, 78)

Otra causa del humorismo, aunque mal conocida, sería la enfermedad. Es indudable que las enfermedades tienen una influencia predominante en el espíritu. Después de una larga enfermedad se mira la vida de una manera distinta a como se la ve en plena salud y parece que cambian los valores. *[1920]* (CH, 184)

La obsesión erótica, que puede ser un resultado del artritismo, es también una contribución al *humour*. Esta obsesión deja, indudablemente, una serie de gérmenes de antipatía y de odio, que se van convirtiendo con el tiempo en frases ingeniosas, que no son más que venganzas disimuladas contra el enemigo (hombres, mujeres, medio social), a los cuales se culpa más o menos justamente de los males propios. *[1920]* (CH, 185)

*

[*humorista*] El humorista es hombre de valor. El espíritu que se encoge para saltar en el vacío, sin saber dónde va a caer, es un espíritu valiente, y si al mismo tiempo concibe la posibilidad del fracaso y esta posibilidad no le impide el impulso, entonces es un gran humorista. *[1920]* (CH, 43-44)

Un humorista lógicamente tiene que ser un tipo disgregado, al margen del medio social, como lo fueron en su tiempo Luciano, Cervantes, Rabelais, el abate Swift, y en época moderna: Heine, Dickens, Gogol y el mismo Larra. *[1947]* (DUVC, IV, 85)

I

[*ideales*] No sé si yo tengo un ideal meridional o nórtico; pero el mío es la aspiración al trabajo, a la pulcritud en las relaciones humanas, a la vida sencilla y a conseguir que el hombre pueda desarrollarse con serenidad y con el máximo de libertad, de justicia, de cultura y de benevolencia. *[1933]* (OC, XIV, 1274)

*

[*ideas*] Hoy nadie tiene ideas muy propias. No se leen los libros despacio y bien. Se va a un partido o a otro por conveniencia, y se aceptan las teorías un poco porque sí. *[1939]* (AH, 61)

*

[*ideas disolventes*] Las ideas disolventes nos demuestran que el rey es igual al cargador y que el fetiche, adornado con coronas y perlas de nuestras iglesias y de nuestras ermitas, no puede nada contra el rayo o contra la peste. *[1917]* (NTA, 83)

*

[*ideas sagradas*] Para los obreros la *Internacional* y el puño en alto es de lo más trascendental del comunismo, como para un católico corriente la campanilla del viático tiene tanta importancia en su religión como la existencia de Jesucristo. *[1939]* (AH, 93)

*

[*ideas viejas*] Para nosotros –los escasos liberales del tiempo– la fórmula clásica de los fisiócratas: «Dejad hacer, dejad pasar», es la que acaba con todo lo que está destinado a morir, y acabaría con los jesuitas mejor que las proscripciones. *[1934]* (OC, XIV, 1007).

*

[*identidad*] Se siente a veces el deseo de averiguar cómo se representa uno ante los demás.

No cabe duda que un hombre en presencia de otro se modifica y a su vez modifica también él. Hay una autosugestión que hace que uno sea como la gente que le rodea quiere que sea.

A veces la autosugestión obra por antítesis en sentido contrario e impulsa a colocarse en una actitud negativa. Pero las más de las veces es uno, o intenta ser, gracioso donde le creen a uno gracioso, triste donde le creen a uno triste, malhumorado donde le tienen por malhumorado.

Parece que allí donde uno va tiene su careta preparada, que se la pone al llegar. Cuando uno está solo supone que ya aquella cara es su cara, pero muchas veces parece también una máscara y que es uno farsante consigo mismo. *[1918]* (HS, 49-50)

Uno quiere ser lo que es, sin deformaciones de fuera; encontrar su punto de apoyo en la tierra y su ambiente, y si se convence uno a sí mismo de que no sirve para nada, ser un vago tranquilo. *[1945]* (DUVC, III, 295)

*

[*Iglesias, Pablo*] Era un doctrinario, un hombre con espíritu de profesor. No sé si tenía relaciones con los de la Institución Libre de Enseñanza, pero quitando algunas violencias de palabra, obligadas por su posición de tribuno popular, era muy parecido a ellos. *[1947]* (DUVC, IV, 203)

*

[*ignoramus ignorabimus*] ¿Qué sabemos del mundo y de la vida? Sobre todo de la esencia de las cosas no sabemos nada. Probablemente nunca se sabrá nada (...). De la historia conocemos poca cosa y no hay en ella más que hipótesis que no están demostradas. Los acontecimientos pasan por delante de nosotros como máscaras con su antifaz. La historia es como una novela y seguirá siéndolo, y la verdad histórica no tiene ningún valor. *[1943]* (OC, XV, 199)

*

[*igualdad*] Todos nos creemos socialmente iguales a los superiores y superiores a los inferiores; si hacemos la corte a una duquesa, se nos ocurre pensar: en el amor no hay clases; pero si el hijo de la portera quiere flirtear con nuestra hermana o nuestra hija: ¡Oh!, entonces hay clases, ¡ya lo creo! *[1904]* (TA, 38)

> *Encuer que cagots siam*
> *Nou nom dam;*
> *Touts sem hills deu pai Adam.*

(Aunque somos agotes (...), / poco nos importan las palabras; / todos somos hijos del padre Adán.)

No, querido poeta agote; no es el parentesco con el padre Adán, muy problemático para los antropólogos, el que conseguirá que la división de los agotes y los perlutas desaparezca. Es la civilización y la cultura las que van haciendo que todos los hombres seamos iguales y las que impulsan a que no haya entre nosotros más distinción que la que producen el trabajo y la inteligencia. *[1918]* (HS, 209)

A mí no me gustaría ser un príncipe en medio de esclavos, ni un sabio en medio de idiotas, sino un príncipe en medio de príncipes y un sabio en medio de sabios. *[1918]* (HS, 231-232)

El defender la igualdad absoluta como ideal atrae fácilmente la envidia. Se tiende a hacer creer que toda superioridad es una ofensa para los demás, que no hay diferencias cualitativas entre los hombres, y que, si las hay, esas diferencias son tan ofensivas, que se deben hacer todos los esfuerzos posibles para borrarlas. *[1933]* (OC, XVI, 89)

Hay que reconocer que el pueblo, el *demos* aristofanesco, ha demostrado que acepta con gusto o, por lo menos, con resignación, la superioridad del nacimiento y de la fortuna. Por ahora, lo que no ha demostrado es que acepte la superioridad de talento ni de trabajo. *[1934]* (OC, XIV, 1351)

Se sabe que no hay entre los millones de hombres una oreja igual a otra y se pretende que las cabezas humanas sean por dentro iguales. (...) Es una ofensa para muchos que se diga que Mozart era un gran músico, Shakespeare un gran dramaturgo y Cervantes un gran novelista. (...) No; cualquiera de nosotros, aunque sea perfectamente obtuso, sabe escribir o pintar o hacer música como esos hombres de genio.

No aceptamos genios, hemos decidido que su obra no vale nada y que la admiración por libros, cuadros, monumentos y sonatas es un lugar común mandado recoger. *[1939]* (AH, 121)

Como yo no he tenido en la cabeza, no sé por qué, idea de las jerarquías sociales, sino sólo de las diferencias naturales de inteligencia, de bondad, etc., he tendido siempre a tratar a todo el mundo de la misma manera, y esto, que parece teóricamente que debe producir simpatías, produce antipatías. *[1941]* (DUVC, I, 171)

Igualdad para todos en la miseria general, igualdad para todos, con tal de que sean subordinados, adictos y obedientes. Ahora, para los jefes, mando sin responsabilidad. *[1955]* (AP, 51)

*

[*imaginación*] La imaginación nos gasta y nos consume a los hombres más que la vida. La imaginación es mala cabalgadura para un hombre sensato; nos hace tristes, descontentos y románticos. *[1919]* (CH, 158)

*

[*improperio*] A una opinión radical, muchos llaman improperio. *[1917]* (JE, 67)

*

[*incongruencia*] Es curioso que en una época de disgregación social como la nuestra haya cundido tanto el socialismo. Esta paradoja no es rara. Hay demócrata que trata mal a la criada y habla de tú al mozo de café; hombre que no puede soportar al único compañero de oficina y sc sicntc humanitario y liberal, liberalísimo, en el mitin y despótico en su casa. *[1933]* (OC, XIV, 1179)

*

[*independencia*] A mí no me parece mal que un hombre tenga un empleo y que lo sirva. Tampoco me parece mal que el Estado dé algunas sinecuras a escritores, investigadores o artistas que no tengan medios de vivir. Lo que me parece un poco ridículo es, viviendo de una protección, alardear de independiente. *[1944]* (DUVC, I, 51)

A mí me parece que el que cobra del Estado o de una empresa particular no puede pretender ser completamente independiente. El que va por la calle solo y vende su trabajo, está bien que sea independiente, pero el que tiene su lugar seguro, su despacho o su oficina, no debe pretender esto, pero tampoco pienso que el Estado tenga que intervenir en sus ideas. *[1955]* (AP, 171)

No todo el mundo puede vivir de su trabajo y mucha gente tiene que vivir de la adulación. El oficio de criado es cómodo, pero tiene sus fealdades; el ser hombre independiente es a veces incómodo, pero tiene sus satisfacciones. Yo he elegido el ser hombre independiente y los insultos de los criados no me hacen mucha mella. *[1920]* (CH, 293)

*

[*independentzia*] Yo no siento ningún entusiasmo por una autonomía que no ha de resolver nada. Si se quisiera hacer de Vasconia una Florencia del tiempo de los Médicis, o una Weimar del tiempo de Goethe, nosotros los chapelaundis pondríamos nuestro entusiasmo y nuestras fuerzas; ahora si se quiere hacer de nuestro país un Paraguay del tiempo de los jesuitas o una Andorra todos lucharemos contra ese oprobio como podamos... *[1918]* (MC, 278)

Si se llegase a formar esta nación vasca le pondríamos los chapelaundis, yo al menos sí, una condición fundamental imprescindible, que sería la autonomía individual con la libertad absoluta de conciencia para vascos y para no vascos que viviesen en el país. Sin ella le haríamos la guerra constante. *[1918]* (MC, 279)

*

[*individualismo*] Somos individualistas; además, tenemos una completa desconfianza en los hombres, empezando por nosotros mismos. *[1904]* (TA, 72)

Yo no sé, en verdad, si este individualismo es bueno o malo. El individualista no es fácilmente mezquino. Se acostumbra a vivir con poco. ¿Que el trabajo de un año se pierde en un día? Bueno, que se pierda. ¿Que el amigo ha reñido con nosotros? Que riña. ¿Que hablan mal de nosotros y nos desacreditan? Que hablen. Pero llega un día en que en el hombre solo nace una decisión violenta y este hombre se lanza a ella y como no la ha calculado bien, porque el pensamiento no puede calcular los incidentes de la casualidad, fracasa y al volver a su rincón se ríe amargamente. *[1920]* (CH, 173)

134

*

[*ingenio*] Lo que falta a la producción intelectual española no es ingenio, sino profundidad, simpatía, humanidad. Mientras no se trató más que de probar ingenio, el español hizo un buen papel en la Europa culta; cuando ya no bastó esto, sino que se necesitó precisión, técnica, organización científica, capacidad de abstracción, entonces fue cuando el español se desacreditó por completo. *[1918]* (HS, 121)

*

[*instinto*] Le empezamos a conceder una importancia capital en la vida del individuo y de la colectividad. Por esto damos un gran valor a la raza, a la religión, a las supersticiones, al clima, a la alimentación, a las costumbres, a la pasión más que al raciocinio, a lo ancestral más que a lo advenedizo. *[1939]* (AH, 89)

*

[*intelectual*] ... Un concepto que vino de fuera y que ha promovido siempre gran irritación entre nuestra burguesía: el concepto expresado con la palabra intelectual. A la gente de buen tono le pareció esta palabra de una petulancia terrible y que indicaba una idea de superioridad intolerable. (...) El trabajo intelectual, quiéranlo o no lo quieran nuestras clases pudientes.

Ésta es una idea que no cabe en la burguesía española y que procede de un fondo de odio a la distinción, un tanto bajo y plebeyo. *[1924]* (DA, 17)

*

[*intelectuales*] Todos o casi todos los intelectuales burgueses son disolventes, desorganizadores y anárquicos; todos o casi todos los intelectuales que proceden de la clase obrera son constructores, organizadores y disciplinados.

La razón de esta diferencia no es difícil de explicar ni de

comprender. El intelectual burgués, hombre de ciencia, literato o artista, ve en el mundo de los privilegiados la injusticia individual, en él o en otro; en cambio, el obrero ve a su alrededor la explotación y las vejaciones hechas a la clase trabajadora. *[1917]* (NTA, 19)

Todo el mundo creía que algo, para unos ruinoso y para otros salvador, iba a venir de los filósofos, de los escritores y hasta de los artistas. Nada, no ha venido nada de ellos. Vulgaridad, palabrería pura. Los mismos físicos y químicos que se han encontrado en sus manos con el poder terrible de la energía atómica, están pasmados de miedo y no se atreven a tomar una determinación por sí mismos. Tiemblan ante su descubrimiento y están deseando dejar su responsabilidad en otra gente más audaz y menos responsable. *[1947]* (DUVC, IV, 56)

*

[*internacionalismo*] Se ve que el internacionalismo, prácticamente, no es nada. En pequeño se observa que Hendaya se hace cada vez más francés, e Irún, cada vez más español. Yo me figuro que en casi todas las fronteras pasará lo mismo. El único internacionalismo verdadero es el de la cultura, y ése era más profundo y más arraigado en el tiempo del Renacimiento y de la Reforma que en esta época de estúpido nacionalismo en que vivimos. *[1918]* (HS, 233, 234)

*

[*intimidad*] Nuestra época se ha hecho absolutamente imposible. Ya no se puede ni escribir ni pensar, como podía hacerse antes. Ya no se acepta que cada uno quiera vivir con su pequeña vida interior, sin dar al público lo que es naturalmente privado. *[1955]* (OC, XV, 665)

*

[*Irún*] Es un pueblo alegre, de chicas bonitas que ríen mucho. Quizá depende esto de la vida que se hace, quizá de la frontera o de la poca influencia clerical.

El caso es que a medida que se va metiendo uno hacia Navarra la gente es más triste, las muchachas no ríen tanto y la influencia del cura es mayor. *[1918]* (OC, XVI, 151)

[Jacob, Max] Yo le vi a Max Jacob un momento en el café de la Rotonda (...). No entendí bien sus gracias y sus ironías; no me quedó de él un recuerdo claro. (...) Era como un payaso triste. En Max Jacob se nota también la histeria judía. El deseo de llamar la atención, el deseo de cambiar y de realizar actos que exciten la curiosidad y la expectación del público. (...) Amigo de mixtificaciones a las que gustaba dar un aire cándido e ingenuo. (...) Max Jacob acabó en el campo de concentración como un jilguero metido en una ratonera. *[1947]* (DUVC, IV, 230-32)

*

[jazz] En la confusión artística de nuestra época hay una manifestación que es –o ha sido, por lo menos– verdaderamente nueva o humana para nosotros: la música negra de los *jazzbands*. Esto es auténtico, y ha influido en la vida moderna como influye siempre lo auténtico. Muchos hemos visto en casinos o en *dancings* en estos últimos años a mujeres de fino tipo europeo imitando en las contorsiones violentas, dislocadas, de un baile, a la negra en celo de la selva africana. Se podrá considerar esto humillante y rebajador para un buen europeo, pero no se podrá ver en ello ninguna mixtificación ni el más leve matiz de ironía. *[1933]* (OC, XIV, 1267)

*

[*jesuitas*] Se puede asegurar que en el jesuitismo hubo algo de ímpetu vasco (las secreciones internas), pero no la ideología, que es producto de cultura. (...).

La moral jesuítica y todo el jesuitismo tendía a reemplazar la utopía cristiana irrealizable por un pragmatismo realista y posible. (...)

Los jesuitas de hoy sirven para exhibirse como los políticos y dar conferencias efectistas de seudociencia, para hacer bodas, recompensar matrimonios y hasta para proporcionar nodrizas y realizar otros menesteres domésticos. *[1935]* (OC, XIV, 1001-1007)

*

[*jota*] La brutalidad cuajada en canción. *[1904]* (TA, 53)

¡Qué canto más repugnante!
Bien. El hecho es cierto, pero yo no veo aquí un improperio. Es una forma violenta de decir: Eso no me gusta, no me es simpático, etcétera. *[1917]* (JE, 68)

*

[*Joyce, James*] Tan dislocado y tan absurdo (...) será, en ocasiones, incomprensible y disparatado, pero nunca tiene ese aire envejecido y vulgar que tiene a veces Proust, que en castellano se llamaría, con mala intención, cursi. *[1944]* (DUVC, I, 185)

*

[*judíos*] Los reproches de los antisemitas actuales no están basados en la religión, sino más bien en la vida, en las ideas y en los procedimientos de los judíos en el comercio, en la banca, en la política y en las artes; en conjunto, en la competencia y en el concepto de la moral.

Decir antisemitismo no es exacto ni preciso; lo lógico sería decir antijudaísmo.

No hay raza semítica; hay lenguas semíticas, y estas lenguas las hablan diversidad de razas. (...)

Uno de los caracteres más salientes del judío es que no tiene patria. (...) Su única patria fue el *ghetto*. (...)

Con esta idea de su superioridad y con el desprecio por los demás, el judío es hombre de pocos escrúpulos. Es el jesuita de la acera de enfrente. (...)

El judío, más o menos inconscientemente, ha luchado contra los particularismos de Europa y ha querido convertirla en un campo raso.

El católico, como el judío socialista –los dos espiritualmente judíos–, quieren unificar el mundo, hacer operaciones aritméticas con los hombres y constituir gobiernos ecuménicos. *[1933]* (OC, XIV, 999)

Se habla del judío disolvente; pero el judío es disolvente en Europa, en países que no son el suyo, a los que odia en el fondo. Probablemente, si dominara en un país sería allá conservador, teócrata y amigo de ceremonias y de zalemas. *[1933]* (OC, XIV, 1259)

Es curioso también el que los judíos, que tradicionalmente y por su religión son hostiles a la representación de la figura humana, se hayan revelado después muy entusiastas de las artes plásticas. Esto puede proceder de que la afición sea más intensa en ellos, por ser más reciente, más nueva y puede ser también porque la pintura y la escultura representan lujo y dinero. *[1941]* (OC, XV, 77)

Algo debe de tener esta raza judía característico y especial, porque todos los grandes santones de la Historia han sido judíos o, por lo menos, semíticos. Su seguridad, su pedantería, sus afirmaciones rotundas les ha hecho dominar el mundo. *[1945]* (DUVC, III, 88)

No es que yo tenga una simpatía especial por los judíos ni por los moros. Me parecen personajes de zarzuela, pero no creo que por eso haya que perseguirlos.

Entre los judíos ha habido modernamente, y en el terreno científico, grandes hombres; pero hay que reconocer que la mayoría de ellos se manifiestan con un carácter impertinente y soberbio bastante ridículo. Cierto es que para gente perseguida es difícil colocarse en un término medio. *[1945]* (DUVC, III, 132)

Europa tiene la culpa, en parte, de haber producido el judío exaltado; le ha perseguido y ha hecho de él un tipo intransigente.

El judío en Europa lo único que puede ser en buenas condiciones es un científico: el hombre como Einstein, la gran figura del semitismo actual y de la ciencia moderna. En la política, en la literatura, en las artes, el judío fallará porque se siente perseguido y tiene que dar una nota estridente y colérica. *[1949]* (DUVC, VII, 227)

*

[juez] este hombre, en parte de origen vasco, Pedro de Rosteguy, se mostró como un bestia, fanático, cruel e inepto. Un verdadero magistrado. *[1933]* (OC, XIV, 1109)

¡Cuántas bestialidades no han hecho los Lancres, los jueces e inquisidores de todas las épocas y han sido defendidas por los Michelet y Menéndez y Pelayo que han escrito después! *[1933]* (OC, XIV, 1112)

*

[jugador] Es, naturalmente, la manifestación más acabada de la inestabilidad. El jugador cree que ha encontrado leyes a lo que no las tiene, y que puede dominar la suerte. *[1934]* (OC, XIV, 1146)

*

[Julio Antonio] Era un joven escultor muy bien dotado por la naturaleza (...). Era un hombre de fortuna; en la vida todo le

había salido bien, y abusaba un poco de su suerte y de sus condiciones. Julio Antonio tenía grandes facultades para su oficio.

*

[*jurisconsulto*] ¡Qué porquería humana! Estudiaba cómo y cuándo se podía descoyuntar a un hombre las articulaciones, echarle aceite hirviendo o plomo derretido en la boca. *[1933]* (OC, XIV, 973)

*

[*juicios morales*] Yo no pretendo estar en el fiel de la balanza para juzgar a las personas; lo que sí pretendo es tener una misma medida para todo y para todos; así que lo que me parece mal en una persona me parece mal en otra, y al contrario; y no acepto que, porque sí, el uno tenga un fuero especial y el otro no. *[1944]* (DUVC, 131-132)

Aquí en España ha habido mucha costumbre de eso de juzgar al político por su literatura, al historiador por sus trajes y al tenor por su moral casera. *[1941]* (DUVC, I, 218-219)

[*Kafka, Franz*] Me parece un Dostoievski muy en pequeño. Es un representante de la histeria judía. No va, como Dostoievski, a las grandes locuras humanas, por atracción espontánea, sino por el psicoanálisis (...) dirigido por mixtificaciones de Freud y de los surrealistas.

Kafka debía de ser un judío enfermo, tuberculoso, exaltado: un visionario. Tuvo al parecer el entusiasmo místico de pensar en la sinagoga, y después creyó como en un artículo de fe en el psicoanálisis, invención de otro judío, Freud, y mezcló esto con el surrealismo, superrealismo o como se llame. (...)

Llevado por estas corrientes, en parte falsas, y por su carácter de hombre débil y neurótico, se trastorna por completo y sus obras son interesantes como fruto patológico del tiempo. *[1947]* (DUVC, IV, 226-227)

*

[*Kierkegaard, Soren*] Es un dionisíaco, pero un dionisíaco religioso y protestante (...). No me atrae absolutamente nada su espíritu. Desear la angustia y la desesperación casi por sistema me parece una extraña anomalía. Desear la vida intensa con alternativas de alegría y de pena es, sin duda, natural; pero buscar sólo la contricción es aberrante. (...)

Le gustan los personajes bíblicos, porque pecan y se arrepienten.

En esto yo no estoy conforme. En general, los personajes bíblicos me parecen unos perfectos miserables. Además, los que no creemos en el pecado, ¿por qué nos hemos de entusiasmar con los pecadores, se arrepientan o no se arrepientan?

Kierkegaard da la impresión de un hombre enfermo, arbitrario y sombrío, que no sólo no quiere curarse, sino que se recrea en sus propios dolores. (...)

Cuando se acerca uno a espíritus de esta clase, es cuando nota uno todo lo pagano que es sin proponérselo. *[1918]* (HS, 28-30)

*

[*Kipling, Rudyard*] Nos ha llevado a las regiones ignotas de las orillas del Ganges, ha descrito la vida de los indios, y al interés del reportaje ha unido la magia de la poesía. *[1904]* (TA, 66)

*

[*krausismo*] Sarampión germánico de ínfima clase. *[1934]* (OC, XIV, 363)

146

[*Ladrón de Guevara, padre*] Yo siento no ser un buen lector. No puedo leer mucho; no tengo las condiciones de leyente y de crítico del padre Ladrón de Guevara, que para componer su librito *Novelistas buenos y malos*, leyó dos o tres mil autores y supo, además, resumir un juicio acerca de cada uno de ellos en dos o tres palabras. Verdad es que para eso se necesita estar asistido por la Divina Gracia y ser de la Compañía de Jesús, de esa Compañía ilustre que tiene hombres tan insignes como el padre Rodríguez, el padre López, el padre Iturrigoitia, el padre Iturribeitia y otros, que, como se sabe, han puesto las bases de las ciencias modernas que honran a Europa. *[1918]* (HS, 158-159)

*

[*Lanza, Silverio*] Los ojos de este hombre brillan con una luz fosforescente; su conversación es una serie de saltos, de cabriolas, de ideas que aparecen y desaparecen, tan pronto cómicas como profundas (...) el ingenio más frenético y más desarreglado de nuestra época (...).

Y este hombre, ¿qué es? ¿Es un literato? ¿Es un filósofo? Sobre todo, y por encima de todo, es un pensador de una originalidad violenta, de una independencia huraña y salvaje. Es el más anarquista de todos los escritores españoles contemporáneos. (...)

La filosofía de Lanza es una forma de nihilismo trascendental. *[1904]* (TA, 104)

Hombre de una gran originalidad y que tenía un fondo enorme de ambición fracasada y de vanidad, cosa muy lógica, porque siendo un escritor notabilísimo no había tenido no ya el éxito, ni siquiera la consideración que hemos disfrutado otros (...) a veces parecía un hombre bueno, a veces parecía de muy malas intenciones (...) me llamaba mi gran amigo y mayor literato, yo sospecho que no me quería. *[1917]* (JE, 139-141)

Otro de los tópicos de Lanza era una misoginia agresiva.
–Amigo Baroja –me decía–, en sus novelas es usted muy galante y respetuoso con las damas. A las mujeres y a las leyes hay que violarlas para hacerlas fecundas. *[1947]* (DUVC, IV, 224)

*

[*Larra, Mariano José*] Martínez Ruiz lee unas cuartillas hablando de Larra. Un gran escritor y un gran rebelde, dice; y habla de la vida atormentada de aquel hombre, de su espíritu inquieto, lleno de anhelos, de dudas, de ironías; de sus ideas amplias, no sujetas a un dogma frío e implacable, sino libres, movidas a los impulsos de las impresiones del momento. Nos dice cómo, desalentado y amargado por la frivolidad ambiente, sin esperanza en lo futuro, sin amor por la tradición, los desdenes de la mujer querida colmaron su alma de amargura y le hicieron renunciar a la existencia. *[1904]* (TA, 132-133)

Es un tigrecillo amaestrado, encerrado en una jaula pequeña. Hace las gracias de los gatos, maúlla como ellos, se deja pasar la mano por el lomo, pero en ocasiones el instinto le sale a los ojos y se observa que piensa: ¡Con qué gusto os devoraría! *[1917]* (JE, 79)

En su tiempo, se lamentaba de que en España, en Madrid, no se sintiesen las clases sociales. Larra, en esta cuestión, era un tanto cursi, como decimos ahora; se puede tener talento y ser, en ciertas cosas, un pobre hombre. *[1918]* (HS, 269)

Es un talento fuerte, amargo, descontento, que tiende a la sátira ingeniosa más que al humor. Larra, como Heine, se siente hundido en una sociedad en la que se considera postergado y lucha contra ella. *[1920]* (CH, 78)

*

[*lectura*] Si se piensa por qué no hay esas personas que les gusta leer, se verá que una de las causas principales, la principal quizá, es el catolicismo, que proscribe todos los libros. *[1918]* (HS, 223)

La lluvia impulsa a uno a la lectura. Hay el lector bueno y el lector malo. El lector bueno es ese tranquilo que va recogiendo pausadamente las impresiones que le da el autor, sin impaciencia ni prisa; el lector malo es el que se impacienta enseguida, le aburren los pasajes sin interés y, en cambio, le excitan los interesantes de tal manera, que salta páginas para saber los resultados. Yo soy de los lectores malos. *[1918]* (HS, 158)

*

[*lengua castellana*] Ante los hechos es ridículo afirmar el despotismo central en la cuestión del idioma. Es naturalísimo que de los cuatro o cinco idiomas nacionales haya preponderado uno, y esto ha pasado en Francia y en otros países, y esto pasa en España; pero el Estado no ha hecho presión aquí y, si la ha hecho, no ha sido tan enérgica como la han hecho en Francia, en Alemania y en Inglaterra, con sus idiomas regionales. *[1910]* (DA, 100)

*

[*lenguaje*] Hay mucha gente que en los idiomas les interesa más que nada la sonoridad. A mí esto no me preocupa. Lo que me seduce es la exactitud, la precisión. Que haya en una palabra muchas vocales o muchas consonantes, no me dice gran cosa. La falta de precisión me molesta. *[1944]* (DUVC, I, 141)

*

[*León, fray Luis de*] Quizás el mayor poeta de España. *[1941]*

*

[*Lerroux, Alejandro*] No había leído nada serio en su vida y creía, como muchos políticos, que la lectura es un pasatiempo de holgazanes. *[1944]* (DUVC, I, 181)

Supongo que Lerroux hubiera podido llegar hasta ser arzobispo de Sevilla si hubiera pertenecido al clero. Ahora, como escritor ha sido mediocre. En el poder o fuera del poder, como literato, no es gran cosa. (...)
Tenía como ideal la respetabilidad y pretendía hacer un partido de hombres graves. *[1947]* (DUVC, IV, 201-202)

*

[*Letamendi*] Era otro Comendador del *Tenorio*, con trampa y cartón y farsantería a todo pasto. (...) Era un audaz y un desaprensivo; tenía el tupé de decir que así como el río Guadiana desaparece en la tierra, la medicina de Hipócrates había desaparecido de la historia para aparecer con él. ¡Hipócrates y Letamendi! Era mucha broma. El uno, todo observación y sencillez, el otro, todo palabrería y fuegos artificiales. *[1931]* (OC, XIV, 344)

Yo dije siempre que la obra de Letamendi como filosofía no tenía valor y que tampoco la tenía como preparación para el estudio de la medicina. *[1934]* (OC, XIV, 1222)

*

[*léxico*] El escritor que emplea las palabras que ha oído, sobre todo desde niño, les da un sabor especial de verdad, de autenticidad, que no tienen casi nunca cuando las toma del diccionario.

150

Si yo empleara los giros y las frases de Fernán Caballero –muy andaluces y, por lo tanto, muy castellanos– para hablar de la vida de un pueblo vasco, haría a mis ojos una cosa completamente ridícula. *[1939]* (OC, XV, 273)

*

[ley] En esta vida triste que padecemos, ante esta sociedad de burgueses sin corazón, de gente mezquina, la infamia cometida extralegalmente es un crimen; la infamia legal es un negocio.

Haced infamias, pero hacedlas siempre dentro de la ley: no tendréis obstáculo en vuestro paso. La ley actualmente no es, como decía Montesquieu, una tela de araña en donde se enredan las moscas y que deja pasar los moscardones; la ley es la defensa de los fuertes, de los hábiles, de los egoístas. La ley es la que protege al ministro de Hacienda X para hacer un negocio de millones de francos; la ley es la que protege al casero para expulsar al pobre; la ley es la que permite al hombre explotar al hombre; la ley es la que reprime al hambriento cuando pide de comer; la ley es la que castiga al vago por el delito de no tener donde trabajar.

La ley es inexorable, como los perros: no ladran más que al que va mal vestido. *[1904]* (TA, 42-43)

Creo que se podrían afirmar estos postulados sin miedo. Primero: cumplir la ley no es realizar la justicia; segundo, no hay país en el mundo en donde se pueda cumplir estrictamente, íntegramente la ley. *[1917]* (JE, 159)

Las leyes son como las telas de araña; que detienen a las moscas pequeñas y dejan pasar a los moscardones. Nuestros políticos, muy severos, muy rígidos para las moscas pequeñas, son muy amables con los moscardones. *[1917]* (JE, 162)

Con relación a la moral, más bien soy pesimista; respecto a las leyes, creo que son, en general, malas, porque el hombre no es bastante inteligente y se deja llevar por fórmulas conceptuosas y vacías. Ya de viejo, considero las revoluciones generalmente perjudiciales, y creo que todo lo sistemático es estúpido y calamitoso. La experiencia, y aun si se quiere la rutina, cuando no es de una injusticia evidente, es lo mejor. *[1944]* (DUVC, I, 69)

Yo creo que la autoridad, alta o baja, al que no cumpla estrictamente la ley o la ordenanza municipal, sea Dicenta, Cervantes o el moro Muza, debe mandar que le castiguen multándole o metiéndole en la cárcel. *[1944]* (DUVC, I, 75)

*

[*liberal* versus *carlista*] El liberal habrá podido ser en España tan bárbaro como el carlista, pero no se ha distinguido por su crueldad. Para mí, la causa de esta distinción es que el liberal ha tendido a suprimir el obstáculo, y el carlista o el absolutista, a suprimir el obstáculo y a castigar. Esto último es la herencia judaica de las religiones hijas de la Biblia. El castigar aproxima a la crueldad. *[1935]* (OC, XIV, 1318, véase *barbarie*)

*

[*liberalismo*] Hay dos liberalismos: uno, condenado por el Papa, que es el lógico, el natural, el necesario; otro, aceptado por el Papa, que es el estúpido. El primero envuelve la libertad de pensar, la única que puede existir con todas las tiranías y todos los despotismos, porque ni la «razón ni la voluntad están expuestas a los ladrones».

El segundo liberalismo envuelve todas esas falsas y ridículas libertades que están expresadas en los programas políticos: libertad de asociación, sufragio universal, libertad de la prensa, inviolabilidad del domicilio. Todo eso es estúpido y no tiene utilidad alguna. *[1902]* (OC, XIII, 142-43)

Todo lo que tiene el liberalismo de destructor del pasado, me sugestiona; la lucha contra los prejuicios religiosos y nobiliarios, la expropiación de las comunidades, los impuestos contra la herencia, todo lo que sea pulverizar la sociedad pasada, me produce una gran alegría; en cambio, lo que el liberalismo tiene de constructor, el sufragio universal, la democracia, el parlamentarismo, me parece ridículo y sin eficacia. *[1917]* (JE, 149)

Yo no pretendo ser ciertamente la voz de los intelectuales españoles, pero creo que la mayoría de ellos están dentro del liberalismo y fuera de las tendencias totalitarias, sobre todo del comunismo. No es fácil que hombres que trabajan, bien o mal, con ilusión y desinterés en un medio pobre por la vida del espíritu, puedan creer que en el mundo no hay más que economía y materialismo primario y vulgar. *[1939]* (AH, 64)

La crítica de todas las anomalías y estupideces del socialismo práctico se considera perjudicial y manifestación de liberalismo trasnochado. El liberalismo ha fracasado, según los discípulos de Lenin.

Yo creo que el liberalismo ha fracasado entre los torpes. Naturalmente, es más fácil seguir las doctrinas de un catecismo socialista que leer y entender la *Crítica de la Razón Pura*. Es más fácil afirmar porque sí que razonar y pensar. *[1939]* (AH, 142)

Yo creo que el liberalismo ha sido siempre de intenciones limpias y lógicas. Ahora, llevado a la práctica, ha fallado casi siempre porque le faltaba eficacia, fuerza. En un torneo en donde uno de los contrincantes tiene escrúpulos y el otro no, el escrupuloso siempre pierde.

Sus teorías políticas no pueden tomar en cuenta los países, las razas, las creencias. Si hubiera que tomar en cuenta esos factores, no habría posibilidad de una teoría política general, tendría que haber una para cada nación, para cada provincia y hasta para cada ciudad y para cada aldea, lo que sería lo mismo que no tener ninguna teoría. *[1947]* (DUVC, IV, 90)

*

[*libertad*] La libertad es muy hermosa y muy grande; en el alma del hombre libre y emancipado hay una religión, una patria, un Estado, una justicia, todo; y esto le basta al hombre libre, que no necesita para nada una protección social, basada en intereses parecidos a los suyos. Por la libertad están las conciencias; por la democracia y por el socialismo, los estómagos. *[1904]* (TA, 40)

La libertad la llevamos todos en nuestra alma; en ella gobierna; la libertad de fuera, de ejecutar, no la conseguiremos nunca. *[1904]* (TA, 56)

La libertad de molestar de uno empieza donde acaba la libertad de molestar de otro. *[1917]* (JE, 22)

La verdadera libertad está en permitir combatir lo que a uno le parece el error; lo demás es inquisición, bolcheviquismo o fascismo, algo repugnante para un espíritu liberal. *[1933]* (OC, XIV, 1290)

Está bien que cada cual diga lo que le parezca en cuestiones filosóficas, literarias y artísticas, y hasta políticas, porque la misma libertad esteriliza las arbitrariedades y las hace inofensivas. *[1947]* (DUVC, IV, 30)

*

[*libertad, igualdad, fraternidad*] Estos tres postulados no parecen completamente armónicos. La realización de la libertad tiende a hacer desaparecer la igualdad, y la tendencia igualitaria impulsa a suprimir o, por lo menos, a restringir la libertad. El principio de la fraternidad queda flotando como un deseo alado, como un ideal un poco vago e indeterminado. *[1933]* (OC, XIV, 1262)

*

[*limitación*] ¡Viva la limitación que nos da un país, un ambiente, una montaña en lo lejano, y que si nos cierra el camino de las aspiraciones teatrales, no nos impide pensar, ni querer, ni soñar...! *[1917]* (NTA, 18)

*

[*literatura*] Una obra literaria puede ser inmoral con relación a la moral del tiempo, pero no es fácil que sea inmoral con relación a la moral universal de todos los tiempos. *[1918]* (OC, XVI, 508)

A mí me parece una superioridad la de un público de teatro o de libro que pueda llorar o reír. En ello está toda la literatura. *[1934]* (OC, XIV, 1164)

La literatura es lo que más me ha preocupado, y he pensado en ella, no sólo en lo que se considera su fondo, sino también en su forma, en el estilo. Esta preocupación me ha llevado a practicar un contraestilo, que no es, como creen algunos, resultado de indiferencia por la expresión, sino resultado de preocupaciones más o menos justas por ella. Me he batido con el idioma como he podido, buscando el prescindir en lo posible de tópicos y de lugares comunes de pensamiento y de forma. *[1934]* (OC, XIV, 1172)

Se ha dicho en estos tiempos, en España y fuera de España, que lo individual, con su cortejo de romanticismo y costumbrismo, debe en literatura ir cediendo el paso a lo colectivo. El individuo ha de quedar absorbido por la variedad, la variedad por la especie, la especie por el género. (...)

Los partidarios de esta tendencia creen, sin duda, que se puede hacer una literatura de grandes masas, con cierto aire de conmoción geológica, una historia sin detalles, una biografía sin anécdotas.

Para mí es como construir un objeto de hierro que sea al mismo tiempo de palo. *[1935]* (OC, XIV, 961)

Hay mucha gente que supone que la vida no tiene gran cosa que ver con la literatura. La literatura siempre ha sido un espejo de la vida, ahora y antes, y, probablemente, lo seguirá siendo. La vida actual no tiene misterio, no da la aventura ni el aventurero, no da la posibilidad del héroe, y por eso la novela no puede reflejarlo. El intentarlo a la moda antigua, más que creación, sería hoy un caso de arqueología literaria. *[1935]* (OC, XIV, 1069).

Mucha plebe que se considera inteligente desearía que hubiera en la literatura libros tabú, de los cuales no se pudiera hablar más que con genuflexiones y con inclinaciones de cabeza. *[1944]* (DUVC, I, 70)

La literatura no puede reflejar todo lo negro de la vida. La razón principal es que la literatura escoge, y la vida no escoge.

Lo negro de la literatura ocurre para el lector en un plazo de tiempo pequeño, y lo negro de la vida, en años y en años interminables. Lo negro de la literatura está elaborado y tiene una explicación y un fin; lo negro de la vida está sin elaborar y no tiene explicación, ni fin, ni horizonte. *[1944]* (DUVC, II, 82)

Lo divertido no puede ser malo; desde Shakespeare a Labiche, y desde Cervantes a Conan Doyle, no hay nada divertido que sea malo. *[1944]* (DUVC, II, 228)

Hay bueno, malo y mediano en la vida, y lo lógico es que todo vaya apareciendo en uno de sus reflejos, que es la literatura; pero ir a buscar sólo lo malo o lo bajo, es una actitud que no tiene valor. *[1949]* (DUVC, VII, 224)

*

[*literatura española*] Yo no sé qué tiene nuestra literatura para ser tan desagradable. No hay blandura de corazón en nuestros escritores, ni en los antiguos, ni en los modernos, ni en los del Norte, ni en los del Mediodía, ni en los de Levante, ni en los de Poniente. Todos son unos. *[1904]* (TA, 90)

*

[*literatura folletinesca*] Verdaderamente ocurren cosas despampanantes en este bajo mundo.

Tan despampanantes que yo empiezo a creer en Echegaray, en Javier de Montepin y en Pérez Escrich. *[1904]* (TA, 162, 163)

Cuando Mateo Morral echó la bomba en la calle Mayor y desapareció por unos días, había gente que decía: «Ese anarquista estará escondido en algún convento de jesuitas».

Al pueblo le gusta el folletín. *[1934]* (OC, XIV, 1008)

Para que haya novela sugestiva tiene que haber penumbra en el hombre o en el ambiente. El héroe y el aventurero necesitan, como las quimeras góticas, la bruma, la confusión y el misterio. *[1935]* (OC, XIV, 1065)

*

[*literatura popular*] El señoritismo (...) es un carácter común a casi todos los escritores españoles. No ha habido, ni hay, escritores españoles de alma, de efusión popular. El mismo Dicenta (...) no lo era. Su *Juan José* no es un obrero, es un señorito. No tiene de obrero más que la vitola, la ropa y los accesorios. *[1917]* (JE, 67)

*

[*López Pinillos, «Parmeno»*] Era un escritor que tenía su mérito. Había en él condiciones de realista con una mordacidad sistemática de hombre de periódico, cosa que a mí nunca me ha hecho gracia. Personalmente, era tipo repulsivo, un andaluz gordo, seboso, con el pelo rojo, como de virutas, y que hablaba de todo el mundo con una cólera incomprensible. Todos eran miserables bandidos, usureros, castrados. Era la suya la maledicencia estudiada y alambicada, que llega a provocar repugnancia. (...) Recordaba algunos de esos judíos, rubios y gruesos, que tienen aire de cerdo. (...) A mí la malevolencia sistemática del escritor no me divierte nada. *[1945]* (DUVC, III, 245)

*

[*Loti, Pierre*] Recuerdo que hace algunos años, en Biarritz, vi a un hombrecillo bajito, muy bajito, vestido de marinero, jugando a la barra, enseñando sus bíceps y ejerciendo de atleta. Me dijeron que era Pierre Loti; y al saberlo, creí adivinar el secreto de sus entusiasmos por la fuerza y la estatura. *[1899]* (OC, XVI, 803)

*

[*lucha por la vida*] Todos los animales se hallan en un estado de permanente lucha respecto a los demás; el puesto que cada uno de ellos ocupa se lo disputan otros cien; tiene que defenderse o morir. Se defiende y mata; está en su derecho.

El animal emplea todos sus recursos en el combate; el hombre, no; está envuelto en una trama espesa de leyes, de costumbres, de prejuicios... Hay que romper esa trama.

No hay que respetar nada, no hay que aceptar tradiciones que tanto pesan y entristecen. Hay que olvidar para siempre los nombres de los teólogos, de los poetas, de todos los filósofos, de todos los apóstoles, de todos los mixtificadores que nos han entristecido la vida sometiéndola a una moral absurda.

Tenemos que inmoralizarnos. El tiempo de la escuela ha pasado ya; ahora hay que vivir. *[1904]* (OC XIII, 134)

*

[*lujo*] Otro elemento de cambio en una sociedad es el lujo. Hablar de lujo se ve que produce un gran entusiasmo en estos pueblos nuevos.

«Hay un lujo...», dicen a todas horas las señoras.

158

Al decir esto parece que el lujo les molesta, pero la verdad es que les encanta; las telas ricas, las joyas, los diamantes, todo eso les entusiasma.

Este amor por lo fastuoso y lo superfluo, que indica el lujo, no sólo no se ha refinado, sino que se ha vulgarizado. Antes la joya no era sólo dinero, sino que era arte. Hoy parece que se tiende a que no sea más que dinero. *[1918]* (HS, 264, véase *dinero*)

Para nosotros las ostras, el *champagne* y Worth son supersticiones, mitos sin importancia; no nos preocupan las ostras ni nos parece un néctar el *champagne*. Lo único que quisiéramos es vivir pasablemente y que a nuestro alrededor se viviera lo mismo. *[1945]* (DUVC, III, 193)

[*Madariaga, Salvador de*] Habla a mi parecer de una manera pedantesca (...), es un hombre escolástico, conceptuoso, y que a mí me parece poco inteligente (...), no tiene en absoluto ninguna penetración psicológica. *[1944]* (DUVC, I, 234)

*

[*maestro*] El artífice de esta forma de civilización de masas será el maestro de escuela. El maestro de escuela es el producto nato de la democracia, el encargado de llenar la cabeza de los niños de fórmulas convertidas en sentencias. El maestro es el sacerdote de la Democracia sin el desinterés y la fe del antiguo. El maestro es el cultivador de manuales. Lee con la intención de extraer de la lectura algo práctico. Lo práctico es el Dios moderno. *[1939]* (AH, 59)

*

[*Maeztu, Ramiro de*] Era católico, y leyó a Karl Marx y se hizo comunista. Era marxista y se hizo tradicionalista. Era incrédulo, y oyó al padre Ibarranguelua y se hizo creyente. *[1944]* (DUVC, I, 153)

En Londres siguió con su carácter de hombre insensato y extravagante (...). Era entonces terriblemente antipatriota. Yo le he oído decir pestes de España en Londres, en inglés, delante de los ingleses (...) con verdadero frenesí. *[1945]* (DUVC, III, 323)

*

[*mala sangre*] La mala sangre es muy general en el mundo (...) y cuando es interesada, todavía se puede perdonar, pero muchas veces no es interesada, es puramente gratuita. *[1955]* (AP, 160)

*

[*maldad*] La maldad del hombre no es esa maldad activa, teatral e interesada, sino la maldad pasiva, torpe, que nace del fondo del animal humano, una maldad que casi no es maldad. *[1917]* (JE, 31)

*

[*maledicencia*] Cuando estamos reunidos varios hombres o mujeres me da la impresión de que todos nos reprochamos algo los unos a los otros. Parece que uno encuentra siempre al prójimo deficiente. *[1918]* (HS, 49)

*

[*Malraux, André*] Aparecía en la época de la guerra civil española con una vitola de comunista fiero, (y) ahora parece que es del partido del general De Gaulle.

Son evoluciones estas que yo no comprendo. (...)

Quitando de sus libros la violencia y la elocuencia no quedará mucho. *[1949]* (DUVC, VII, 249-250)

*

[*manía de grandeza*] (Nietzsche) Hijo de un pastor protestante, pretendía descender de una familia polaca nobilísima, los condes de Nietzsky; de niño, decía a su hermana: «Un conde Nietzsky no debe mentir». Yo no veo en esto instintos elevados; veo sólo un principio de delirio de grandeza, o, si les parece

162

mejor, una imbecilidad. Balzac se esforzaba en demostrar que se llamaba «De Balzac»; Villiers de l'Isle-Adam aseguraba descender de un gran maestre de Malta; Richepin, de un cosaco; Peladan, de un asirio; Barley, de una familia noble... Los hombres son imbéciles hasta cuando tienen talento. *[1899]* (OC, XVI, 803)

*

[*mañas de políticos*] En el seno de la confianza celebramos todos esos gatuperios y trampas electorales, y cuando el diputado o el concejal nos cuentan en su casa o en el casino, a media voz, cómo falsificó las actas y las triquiñuelas de que se valió, no sólo no le despreciamos, sino que le admiramos y le tenemos por un hombre listo y barbián; y es que nos parece esta lucha tan artificial que le damos menos importancia que a un juego de cartas, y los que no daríamos la mano a un tahúr que hace una trampa en el juego, abrazamos al diputado que ha hecho una trampa en las elecciones. *[1904]* (TA, 71)

*

[*maqueto*] El desdén del bilbaíno no se dirige al pueblo que se duerme, es el desdén por el hombre pobre de Castilla, de Asturias o de León, que va a Bilbao a buscar trabajo. De ahí ese mote despreciativo de maqueto. El maqueto es un García o un López, pero un García o un López pobre y desastrado, porque si este García o este López es rico y tiene un título, entonces ya no es maqueto y el naviero rico o el comerciante bilbaíno le dará su hija para que sea la señora marquesa o la señora condesa y brille en Madrid. *[1918]* (MC, 265-266)

*

[*Maragall, Joan*] Parecía hombre sencillo y buena persona. No tenía nada de farsante ni de trepador, como muchos de sus paisanos, escritores y políticos. *[1947]* (DUVC, IV, 175)

163

[*Marx, Karl*] Judío mesiánico, se convierte para los suyos en un san Pablo de la época.

Esa protesta de los elementos no socialistas o fascistas contra el socialismo no es de índole crítica, sino que toma por contragolpe el carácter de cruzada. Karl Marx, que para el socialista es un oráculo y para el indiferente tiene el tipo de un filósofo mediocre y pesado, se convierte para los fascistas en Satanás, en el Anticristo, en Judas, en la Bestia Apocalíptica, en el traidor por excelencia. *[1939]* (AH, 125)

*

[*masa*] El hombre fuerte ante la soberana masa no puede tener más que dos movimientos: uno, el dominarla y sujetarla, como a una bestia bruta, con sus manos; el otro, el inspirarla con sus ideas y pensamientos; otra forma de dominio.

Yo, que no soy hombre fuerte para ninguna de estas dos acciones, me alejo de la soberana masa para no sentir de cerca su brutalidad colectiva, ni su mala índole. *[1917]* (JE, 56-57)

La razón de esta identificación del hombre –sobre todo, pobre– con la masa revolucionaria está principalmente en que tiene el sentimiento de que se han cometido injusticias con él o con su clase, y en su corazón hay como agazapada una fiera que se despierta y se lanza a morder. (...)

Tanto el hombre del proletariado como el conservador, al incorporarse a la masa, sienten la fuerza terrible que les da el número y al mismo tiempo la conciencia de su poder. Navegan en una corriente que neutraliza su timidez natural, corriente hecha a base del anonimato y de la impunidad. (...)

La masa pretende ejecutar enseguida sus planes y sus sentencias; unas veces lo consigue; otras fracasa por una causa cualquiera: porque llueve, porque se dividen los pareceres de los dirigentes o porque les salen al encuentro unos cuantos guardias. (...)

A veces, las masas aceptan ideas generosas o nobles, pero, en general, lo que triunfa en ellas son sentimientos de rencor y de venganza. (...)

La masa es una charca pantanosa y malsana. (...)

La masa, que cuando protesta es rencorosa y de un sentimentalismo ridículo y pueril, cuando manda es despótica y sanguinaria. Su moral es muy pobre. ¿Se mata? No se podía hacer otra cosa. Antes la vida humana valía mucho; ahora comienza a no valer nada. La política de masas produce: o la dictadura socialista, o la fascista.

Con una o con otra, el gobierno es tiránico y pedantesco, dirigido por gente mediocre y endiosada, apoyado por burócratas, policías y guardias de todas clases. *[1933]* (OC, XIV, 1311-1316)

Para arrastrar a una multitud, lo que se necesita son palabras sonoras, gritos, una canción, una bandera, un tambor. Ideas, ¿para qué? No son necesarias. *[1939]* (AH, 91)

*

[*máscaras*] Cuando el hombre se mira mucho a sí mismo, llega a no saber cuál es su cara y cuál es su careta. *[1917]* (JE, 25)

La Revolución francesa había prohibido máscaras y disfraces. Le parecían atentatorios a la dignidad humana. ¡Qué pedantería más absurda!

Esta misma idea siguen teniendo hoy los socialistas. *[1943]* (OC, XV, 264)

*

[*materialismo*] Nos decimos materialistas. Sí. No porque creamos que la materia exista tal como la vemos, sino porque es la manera de negar las estúpidas fantasías, los misterios que empiezan con mucho recato y acaban por sacarnos el dinero del bolsillo. (...) Más que un sistema filosófico, es un procedimiento científico que no acepta fantasías ni caprichos. *[1917]* (JE, 26) [*matriarcado*] Un país de matriarcado es tierra donde una mujer es una persona que se toma en serio, que participa en las preocupaciones importantes de la casa y con la cual no se emplearía esa galantería cursi y protocolar de los países meridionales y patriarcales. *[1944]* (DUVC, I, 245)

*

[*matrimonio*] El cristianismo necesita un telón para cubrir el apetito sexual e inventa el matrimonio, que es, como se sabe, un sacramento.

Desde el momento que el cura echa la bendición a los casados, el espermatozoo se adecenta, deja de ser un golfo, y va con levita, corbata blanca y sombrero de copa a fecundar el óvulo de una manera respetable. *[1918]* (HS, 255)

El matrimonio modelo es una sociedad de seguros mutuos perfecta. La miseria moral al veinte por ciento.

*

[*mediterráneo*] El hombre del Mediterráneo es como un pulpo, que se agarra a las cosas y no las suelta. *[1920]* (CH, 178)

*

[*memoria*] ¿Quién tiene la seguridad de que lo que recuerda es absolutamente cierto? *[1941]* (DUVC, I, 9)

En la conversación salen a flote recuerdos que en la soledad no brotan, o quizá sucede que en la conversación aparezcan los de una clase, y en la soledad los de otra. *[1941]* (DUVC, I, 22)

Yo no he visto dos personas que habiendo sido testigos de un mismo hecho lo recuerden de la misma manera; cada uno le da su carácter, y, con su carácter, su pasión y su manera de ser peculiar. *[1941]* (DUVC, I, 286-287)

*

[*mendigo*] El mendigo de hoy de las grandes ciudades no se contenta con recoger unos cuartos y vivir malamente con ellos. Hoy, la mendicidad tiende al delito. El holgazán que no quiere trabajar se provee de papeles falsos, simula una enfermedad o se lleva lo que puede. *[1934]* (OC, XIV, 985)

*

[*mentira*] La gran defensa de la religión está en la mentira. La mentira es lo más vital que tiene el hombre. Con la mentira vive la religión, como viven las sociedades con sus sacerdotes y sus militares, tan inútiles, sin embargo, los unos como los otros. Esta gran *Maia* de la ficción sostiene todas las bambalinas de la vida, y cuando caen unas, levanta otras (...). La mentira es mucho más excitante que la verdad, casi siempre más tónica y hasta más sana. Yo lo he comprendido tarde. Por utilitarismo, por practicismo, debíamos buscar la mentira, la arbitrariedad, la limitación. Y, sin embargo, no la buscamos. ¿Tendremos, sin saber, algo de héroes? *[1917]* (JE, 27)

La mentira es una de las almohadas más blandas del instinto vital. *[1920]* (CH, 83)

Ir en contra de la mentira vital, como diría un bergsoniano es ir a la ruina. *[1923]* (DA, 168)

Los optimistas son los que mienten de una manera más o menos inconsciente, y los pillos, los que mienten de una manera deliberada. *[1941]* (DUVC, I, 9)

El que inventa y miente por darse importancia, al poco tiempo tiene que deshacer el valor de un gran número de sus mentiras, porque no le conviene que ellas queden en pie. El hombre embrollón, como los chicos embusteros, necesita cambiar constantemente de público para ir difundiendo sus mentiras con cierto éxito, y aun así al poco tiempo tendrá el sentimiento de ver que nadie cree en lo que dice. *[1944]* (DUVC, I, 7)

Cada día está uno más convencido de la fecundidad de la mentira y de la aridez de la verdad para la fantasía y para la vida (...). Lo ejemplar para mí es ver cómo la invención, lo falso, es siempre más fecundo en las religiones y en la literatura que lo visto, que lo evidente. *[1943]* (OC, XV, 224-229)

Hay entre nosotros la tendencia a confundir la palabrería con las acciones, siempre un afán de cultivar la mentira. *[1945]* (DUVC, III, 258)

Yo no soy muy partidario de la mentira protocolar, pero se comprende que la verdad cruda en la vida sería terrible. *[1949]* (DUVC, III, 204)

*

[*miedo*] Muchas veces, delante de un grupo de árboles en donde entra la luna, o delante de un tronco en la oscuridad, se siente uno turbado y asustado. Es el miedo a lo maravilloso. *[1918]* (HS, 278-279)

*

[*milagro*] El padre Laburu fue, hace años, a la campa de Ezquioga, en Guipúzcoa, con una máquina fotográfica, a ver si comprobaba o no los milagros que pasaban allí. El procedimiento es francamente absurdo. ¿Qué milagros o qué hechos espirituales, de los que se llaman sobrenaturales, están comprobados así, fotografiados y cronometrados? Yo, al menos, no conozco ninguno, ni creo que los conozca nadie. Si la ciencia comprobara el milagro con aparatos, la ciencia sería otra cosa.

Ir a comprobar el milagro con un aparato tiene tanto valor como si un chófer que llevara a personas religiosas en un autobús y se le parara en el camino, en vez de mirar el motor y ver si faltaba gasolina, dijera: «Voy a rezar aquí un Padrenuestro para que el coche ande». Las mismas personas religiosas dirían: «Este hombre es un estúpido». *[1934]* (OC, XVI, 1299)

*

[*militar* versus *cabecilla*] Hay siempre una diferencia entre el militar y el cabecilla, y más si éste es cura. El militar tiende a la barbarie, a suprimir el obstáculo que le estorba. El cura tiene la crueldad judaica, porque tanto como suprimir el obstáculo, quiere castigar, principalmente castigar al que no cree en su Dios. *[1935]* (OC, XIV, 1320)

*

[*Miñano, abate*] Era un escritor elegante, claro, de un admirable buen sentido (...). Era hombre elegante y de buen aspecto. Tenía la cara larga, la nariz bien perfilada, los ojos grandes y negros, la frente despejada y una cabellera abundante. (...)

Era partidario del despotismo ilustrado (...), régimen de Gobierno que, probablemente, en aquella época y aun después de aquella época, hubiese sido, bien llevado, conveniente para España. *[1944]* (DUVC, II, 40-41)

*

[*Mir, Joaquín*] Cuando vino a Madrid, era un hombre joven, barbudo, melenudo, vestido casi como un obrero: pantalones de pana anchos, elástica debajo de la chaqueta y un sombrero cónico, como de Arlequín (...). Era un protestante de todo y de todos, pero tenía cierta simpatía de hombre salvaje. Parecía un verdadero pirata. (...) Aseguraba que en las comarcas de mucho sol había que pintar en las primeras horas de la mañana y en las últimas de la tarde (...). Los dos afirmábamos que la luz fuerte

del sol no era bonita. (...) Le volví a ver a Mir años más tarde
en una actitud un poco rencorosa, porque no le habían premiado
una de sus obras en otra exposición universal. *[1947]* (DUVC,
IV, 273)

*

[*Miró, Gabriel*] véase *Pérez de Ayala, Ramón*.

*

[*misantropía*] En medio de las andanzas de la vida del día, se
ha experimentado el contacto del sableador sinvergüenza en la
calle, del pincho de la casa de juego en el café, del periodista
chanchullero en la redacción; se ha cambiado una palabra amable con un idiota a quien se desprecia y que lo desprecia a uno;
se ha adulado a un político ilustre que no sabe ni escribir, lo que
no es obstáculo para que sus discursos estén guardados en el
Diario de Sesiones, como bloques finísimos de elocuencia parlamentaria; se ha cubierto el alma de lepra, y cuando se llega al
silencioso rincón donde se vive, se respira más libremente ante
las cuatro blancas y frías paredes del cuarto.

En medio de esta vileza ambiente, en este mundo del chan-
chullo, de la hampa, del baraterismo, hay algunos oasis tranqui-
los, en donde se respira serena placidez. *[1904]* (TA, 60-61)

No son los bandidos los que hacen desagradable la sociedad,
sino la incomprensión, la estupidez y el fanatismo. Por eso no
nos produce la sociedad odio, sino impaciencia. En ese teatro del
mundo nos parece que las cosas andan trastornadas, que la tiple
no tiene voz, que el tenor debía ser barítono, que los coros debían agruparse de otro modo.

La no conformidad con los demás nos hace muchas veces la
soledad agradable. *[1918]* (HS, 12-13)

El hombre capaz de acción no siente curiosidades inútiles y
piensa en los demás lo necesario, y con esto acaba por deshacer

todo lo auténtico y verdadero. El que tiene curiosidad es poco práctico, señala lo bueno y lo malo en el prójimo y con esto da una sensación de cinismo y de misantropía.

De ahí resulta que el tipo maquiavélico y un poco falso parece mucho más amable a la gente y más capaz de simpatía, aunque no la tenga, que el hombre un poco sincero y algo misántropo. *[1947]* (DUVC, 25)

*

[*misterio*] Todo tiende hoy a quedar reglamentado, estable y clasificado. *[1933]* (OC, XIV, 1066)

La novela es un género que acaba (...); necesita misterio. No hay misterio. La vida se va aclarando más y se ven los hilos del muñeco, que es poca cosa. Ponga usted a un buen burgués de París leyendo el prólogo de Ferragus de la *Historia de los Tres,* por la noche con una lámpara de aceite en una casa de una calle oscura y mal iluminada, ponga usted a un comerciante inglés en su casa bien cerrada leyendo *Pickwick* sentado al calor de la chimenea. Los dos tenían que estar estremecidos de curiosidad y de espanto. En cambio, póngale usted a un rico moderno en una casa iluminada con luz eléctrica con la calle tan clara como su cuarto. El libro le parecerá pesado y lee el periódico u oye la radio. *[1955]* (AP, 157)

*

[*mixtificaciones*] Hoy, como hace cuarenta años, hay muchas fantasías en el ambiente: el psicoanálisis, la metapsíquica, la trigeminoterapia, el cubismo, etcétera, etcétera.

Nuestra época es como un avestruz, que se traga todo lo que brilla: no le interesa mucho la calidad de los manjares que le sirven; para ella todos son buenos. *[1941]* (DUVC, I 126)

*

[*moda*] La moda es un producto del instinto de imitación que tenemos todos los hombres; su fuerza es extraordinaria, pero por lo mismo que es pasajera y su radio de acción se limita hoy al vestuario y al mobiliario, no obra profundamente en las ideas.

Hace ya mucho tiempo que no hay modas intelectuales, lo cual es un perjuicio. *[1918]* (HS, 259)

Se dice que en las costumbres y en la moda se busca lo higiénico y lo natural. Las mujeres no llevan corsé, porque es antihigiénico; pero no se ve qué higiene puede haber en llevar tacones de a palmo y en embadurnarse los labios con una porquería roja. *[1934]* (OC, XV, 35)

La moda y el lugar común hacen que la gente tenga un concepto confuso de las cosas. *[1944]* (DUVC, I, 76)

*

[*molestar*] La libertad de molestar de uno empieza donde acaba la libertad de molestar de otro. *[1917]* (JE, 22)

*

[*Molière*] Es un triste: no llega nunca a la exuberancia de Shakespeare, ni a la invención que inmortaliza a Cervantes; pero tiene más gusto que Shakespeare y es más social, más moderno que Cervantes. El medio siglo o poco más que separa la obra de Cervantes de la de Molière, no basta cronológicamente para explicar esta modernidad. Se ve que entre la España del *Quijote* y la Francia del *Bourgeois gentilhomme* hay algo más que tiempo. Por Francia han pasado Descartes y Gassendi; en cambio, en la España de Cervantes germina la semilla de san Ignacio de Loyola. *[1917]* (JE, 76)

La risa de Molière está muy cerca de la mordedura, y muchas veces se comprende que la comedia bufa o el sainete suyos se convertirían en tragedia con facilidad. *[1934]* (OC, XIV, 1166) [*monarquía*] Yo no soy un defensor de la monarquía; pero hay que reconocer que hay monarquías buenas y malas. La nuestra era mala, y bien muerta está. A nadie le puede extrañar que se le ponga en la tumba un epitafio definitivo. *[1932]* (OC, XIV, 1285)

Esta ideología de los viejos dogmas tenía su representación más adecuada en la vida práctica, en la monarquía de derecho divino y en el régimen aristocrático. La monarquía es el trasunto del monoteísmo. Un Dios en el mundo, un rey en cada pueblo. Dios y el rey tienen un paralelismo evidente. Por eso, los católicos gritan con frecuencia: «¡Viva Cristo Rey!». Por muy grande que se les represente su Dios, creen que un reinado, por pequeño que sea, no lo desdeñaría.

Al lado del rey, los aristócratas y los ricos, aunque fueran de procedencia usuraria, puesto que el dinero lo desinfecta todo, representan los santos rodeando a Dios. *[1933]* (OC, XIV, 1258)

*

[*monogamia*] ¿Qué importancia puede tener el preguntarse –como han hecho muchos– si el hombre es naturalmente monógamo o polígamo? Ninguna. El hombre no es ni una cosa ni otra, y puede ser la una y la otra. Se pone a un hombre normal con una profesión que le guste y le obligue a trabajar mucho, una mujer amable y familiar, y será monógamo. Se le deja rico, desocupado, en un ambiente laxo, con una mujer poco agradable, y será polígamo. El hombre es ya demasiado viejo y demasiado elástico para ser fundamental y exclusivamente una cosa u otra. *[1933]* (OC, XIV, 1302)

*

[*Montaigne, Michel de*] Barajar Séneca con Plutarco y Virgilio con Platón. Esto hacía Montaigne, y lo puede hacer cualquier otro; pero Montaigne tenía gracia e ingenuidad, y esto es lo que no se aprende. *[1944]* (DUVC, I, 96)

*

[*Montesquieu*] Tendría uno que tener el cerebro muy extrañamente constituido para ir a un balneario con el *Espíritu de las leyes*, de Montesquieu, o con el *Emilio*, de Juan Jacobo Rousseau, en la maleta. *[1917]* (JE, 77)

*

[*moralidad*] Entre la moralidad liberal y la moralidad conservadora no hay más diferencia que la del taparrabos. Entre los conservadores, esta prenda pudorosa tiene un poco más de tela, pero no mucho más. *[1917]* (JE, 158-159)

Verdaderamente, es extraordinario que en un mundo en donde hay tantas cosas horribles como en el nuestro, los curas lo más tremendo que encuentran para corregir es que alguna muchacha lleve un escote pronunciado o que dos novios se hayan besado en un maizal. *[1918]* (HS, 220)

Yo algunas veces he dicho que hay como tres morales: la moral natural del hombre egoísta con el hombre también egoísta, reflejada en los códigos; moral de toma y daca, de ojo por ojo y diente por diente; la moral del caballero, del gentleman, que no tiene una pauta clara, y es en el fondo estética, y la moral del santo, que es la caridad y la piedad.

Yo, naturalmente, no llego más que a la moral del caballero. *[1944]* (DUVC, I, 71)

El hombre de nuestro tiempo, más que inmoral es bruto. *[1941]* (DUVC, I, 667)

Prefiero tener la moral de perro vagabundo que de perro en jauría. *[1941]* (DUVC, I, 167)

Si se puede comprar lícitamente una mujer o un chico, hay que creer que la civilización no es nada, y que no pasa de ser una farsa desagradable. *[1945]* (DUVC, III, 236-237)

*

[*moralista*] El que tiene la constitución de carácter moralista busca motivos de arrepentimiento, como el melancólico busca motivos de tristeza. *[1934]* (OC, XIV, 1241)

*

[*Mozart, W. A.*] Recoge toda la gracia del siglo XVIII; es fino, alegre, sereno, galante, malicioso. Es un cortesano de cualquier patria. Yo, algunas veces que oigo su música, pienso: «¿Por qué esto, que debe de ser de origen alemán, parece de todo el mundo y para todo el mundo?». *[1917]* (JE, 34)

*

[*muerte*] Tenemos la bella inconsciencia de no asustarnos de las desdichas más que cuando las tenemos encima. Si no fuera por eso, la vida sería insoportable. Al menos a mí, el «¡Hermano, morir tenemos!», que creo oír en el tañido de la campana, me deja sonriente y tranquilo; en cambio el «¡Hermano, sufrir tenemos!», ése me alborota y me pone tembloroso. *[1918]* (HS, 331)

*

[*mujer*] Nuestras mujeres, en su mayoría, consideran que el mundo, la sociedad, el papel que ellas tienen en la vida está todo muy bien. Sólo algunas pocas empiezan a creer que podrían tener una esfera de actividad más extensa. *[1918]* (HS, 51)

A mí me parece evidente que la mujer actual es más disimulada, más hipócrita que el hombre; pero no creo que sea por naturaleza, sino por educación, por la lucha por la vida y por las condiciones en que la ha colocado el hombre. (...) A la mujer le ha pasado lo que a las razas oprimidas (...). El oprimido se defiende con el engaño y se desmoraliza. (...)

Yo creo que en todo esto influye esa pequeña superchería literaria del eterno femenino. El eterno femenino no es más que la consecuencia de un repertorio amanerado, aceptado por la gran dama y por la criada. (...)

Todas estas oscuridades, incoherencias y veladuras que forman el repertorio del eterno femenino y hacen de la mujer un producto extraordinario, ángel y serpiente al mismo tiempo, se han producido por muchas causas. Una de ellas, de las más importantes, es la esclavitud. (...)

La religión, sobre todo el catolicismo, ha colaborado en la hipocresía femenina. Ya de la Biblia viene la idea semítica de la mujer peligrosa y fatal. El catolicismo, con la confesión y las restricciones y reservas mentales, ha complicado esta idea, y le ha dado más perspectivas y más oscuridades. El confesor católico es la claridad en la oscuridad; un calamar que, después de ennegrecer el agua, la analiza con el microscopio. *[1933]* (OC, XIV, 1190-1193)

Nuestras mujeres son principalmente instintivas, y todo lo que sea alejamiento de su función les parece inútil y peligroso. Por eso son tan reaccionarias y conservadoras. Su ideal es hacer un nido, y para eso se necesita una rama firme. Una sociedad insegura y un poco revuelta es para ellas poco simpática, y ¡qué puede haber tan inseguro y tan revuelto como el pensamiento! Prefieren con mucho la rutina.

A las mujeres españolas no les gusta leer, y mientras tengan esa moral –admirable para el señor obispo y aburrida para el escritor–, no se acercarán a la literatura. *[1944]* (DUVC, 81)

La mujer es casi siempre realista, optimista y social; lo que hacen los demás tiene siempre mucha fuerza para ella, y el cami-

176

no solitario del inadaptado no la seduce. En el inadaptado ve un energúmeno o un pedante. *[1945]* (DUVC, III, 10)

Hay una incomprensión fundamental entre el hombre y la mujer. Somos dos clases de seres que no nos correspondemos siempre psíquicamente. *[1947]* (DUVC, 378)

Las mujeres semipolíticas son muy optimistas respecto al porvenir; yo, la verdad, no veo el motivo. La naturaleza ha dado a las mujeres más cargas que al hombre, y tener los mismos derechos que él no es una ventaja. También es una cosa difícil de comprender cómo habiendo sido siempre reaccionarias y de cierta tendencia mística, se están haciendo ahora revolucionarias materialistas. *[1955]* (AP, 44-45)

*

[*mundo*] Me parecía una mezcla de manicomio y de hospital. Ser inteligente constituía una desgracia, y sólo la felicidad podía venir de la inconsciencia y de la locura. *[1944]* (DUVC, II, 276)

*

[*música*] La música, que es el arte más social y el de mayor porvenir, tiene grandes ventajas para los buenos burgueses. En primer término no hay necesidad de discurrir, con ella no hay necesidad de saber si el vecino es creyente o incrédulo, materialista o espiritualista; no hay, por lo tanto, discusión posible con él acerca de los conceptos trascendentales de la vida (...); adormece ese fondo de maldad desinteresada y turbia del espíritu.

Así como la mayoría de los aficionados a la pintura y escultura son chamarileros y judíos disfrazados, los aficionados a la música son, en su mayoría, gente un poco vil, envidiosos, amargados y sometidos. *[1917]* (JE, 32-33)

Quizá la música –el arte social por excelencia– sea uno de los elementos más indispensables para fundir los elementos aislados en una masa. *[1933]* (OC, XIV, 1315)

Un arte que está fuera de los dominios de la razón. Lo mismo se puede decir que está por debajo de ella como que se encuentra por encima de ella. Por eso es quizás el arte por excelencia. Lo demás son artes mixtas cuyo objeto se comprende, y, por lo tanto, sus productos son fáciles de someter a juicio.

La música es difícil de someter a juicio. De aquí que la crítica musical sea tan poco amena y tan poco exacta. Si se intenta examinar su esencia, ésta se escapa; si se analiza su técnica en lo que tiene de científica, puede servir a los profesionales; pero a los demás no nos puede interesar porque no la comprendemos. Lo menos válido es la opinión de los literatos, que muchos son de oído duro, sordos de solemnidad, y que niegan lo que no sienten. *[1941]* (OC, XV, 63)

La música es donde debe manifestarse más que en ninguna otra actividad humana la diferencia de un espíritu a otro (...). El músico es el que da la medida más exacta de su talento sin nada que lo oscurezca. *[1943]* (OC, XV, 236)

Un hombre que admite un paralelismo entre los sonidos y las ideas y cree que aquéllos pueden tener una significación intelectual, es un hombre que habla de lo que no entiende. *[1945]* (DUVC, III, 34)

De los músicos extranjeros he comprendido o he sentido, a pesar de no tener grandes conocimientos.

Los mismos grandes artistas y músicos no son capaces de dar una explicación intelectual y lógica de sus obras. Cuando se oye a un músico que se explica bien y habla con cierto ingenio y cierta claridad de los ideales de su arte, se puede asegurar que no es un gran artista. *[1955]* (AP, 36)

*

[*Mussolini, Benito*] Con su vieja retórica d'annunziana, a pesar de su jersey negro, de su mandíbula y de sus actitudes, sé que es un san Jorge un poco mediocre, que se vanagloria de cosas bastante insignificantes. *[1934]* (OC, XIV, 1014)

[*nacionalismo*] Es un ideal defensivo, que a mí me parece un error de perspectiva, que ni siquiera es autóctono y original, porque procede del lado del Mediterráneo.

Vivir a la defensiva es un ideal bien pobre. Hacer de cada región un lugar sin peligros, sin aventuras, sin luchas y, por lo tanto, sin triunfos, sería hacer de las naciones y del mundo un organismo tranquilo y razonable, que pesaría sobre nosotros como una losa de plomo.

No creo que un pueblo fuerte acepte, a la larga, un ideal puramente defensivo; toda fuerza tiende a extravasarse y a influir. *[1920]* (DA, 72)

Yo no creo que haya nada útil, nada aprovechable en el nacionalismo; no me parece, ni mucho menos, el régimen del porvenir. Si ya a los hombres nos empieza a pesar el ser nacionales; si ya comenzamos a querer ser sólo humanos, sólo terrestres, ¿cómo vamos a permitir que nos subdividan más, y el uno sea catalán, y el otro castellano, y el otro gallego, como una obligación? *[1910]* (DA, 101)

Yo no sólo soy enemigo del nacionalismo, sino de la misma idea de patria. «El mundo para todos los hombres», ése sería mi lema, y si éste pareciese demasiado amplio, me contentaría con este otro: «Europa para los europeos». *[1918]* (HS, 71)

El nacionalismo tiene dos caras: una es la cara antigua: campesina, dogmática y reaccionaria; otra la cara moderna: progresiva y ciudadana.

A pesar de esta divergencia de las dos ramas nacionalistas, hay en una y en otra los mismos o parecidos dogmas.

El primero de los dogmas nacionalistas es la raza. *[1918]* (MC, 258)

El nacionalismo vasco quiere basarse sobre la idea de la raza, así es de endeble y de raquítico. Es una teoría de chapelchiquis.

El que no tiene los cuatro apellidos vascos no es vascongado, según nuestros nacionalistas. (...)

Otros sostenes además de la raza tiene el nacionalismo, la religión, el idioma, la cultura, la historia, la simpatía, la antipatía, y, por último, el interés. (...)

De todos estos factores del nacionalismo, para mí en el catalanismo y en el vasquismo influyen, más que nada, la vanidad, la antipatía y el interés. *[1918]* (MC, 261-262; véase *bizkaitarrismo*)

Parecería lógico que los regionalistas y nacionalistas tuvieran una gran curiosidad por los estudios étnicos y folklóricos en sus respectivos países, pero no sucede esto en España. Los catalanes quisieran que, en vez de aparecer la tabla de Cogul con un abrigo prehistórico, con mujeres con esteatopigia, apareciese una edición de *Els segadors*, con letra y música. Respecto a los vascos nacionalistas y sacristanescos, verían realizado su ideal si en alguna cueva o en algún dolmen apareciese una edición del catecismo sublime del padre Astete. *[1934]* (OC, XV, 23)

Los restos del carlismo, que han olvidado la cuestión dinástica y han acusado a la furierista y la racial, como el nacionalismo, pueden llegar a ser románticos. Si el nacionalismo vasco, que prescindió de su amor por los Borbones, llegara a abandonar su carácter de exclusivismo católico y ultramontano y hacerse vasquista también en religión, sería de lo menos helénico, de lo menos clásico y de lo menos romano de Europa; es decir, de lo más romántico. *[1935]* (OC, XVI, 1335)

Solamente los pueblos ñoños no pueden resistir que se burlen de ellos. Es una manifestación de debilidad y de tontería. *[1944]* (DUVC, I, 88)

*

[*naturaleza*] Otra de las cosas que saltan a la vista cuando se vive en el campo es la indiferencia de la Naturaleza. La Naturaleza no es teleológica, no tiene fines ni intenciones últimas; lo mismo crece en ella la simiente buena que la mala, lo mismo encuentra albergue en su seno el sapo que el cisne, la cizaña que el trigo.

Esta gran constructora, esta gran pródiga, es también enormemente destructora (...). Todo en la Naturaleza es perfecto, porque es necesario; tan perfecto es el cerebro de Platón como el de un mosquito (...). La indiferencia de la Naturaleza nos llega a veces a escandalizar, a nosotros que no podemos prescindir de los fines humanos. *[1918]* (HS, 154-155)

El odio al enfermo y al débil es normal en la naturaleza; tiene razón Nietzsche, pero había que hacer lo posible para que no fuera lo mismo en el hombre. *[1918]* (HS, 198)

*

[*naturaleza humana*] Pensando en nuestro natural malo, rencoroso, violento, yo pienso que quizá fuera mejor ver dónde residen los manantiales del odio y del rencor; averiguar si esos manantiales se pueden cegar con el tiempo o si son manifestaciones biológicas innatas a la existencia humana e imperecederas, por tanto. *[1933]* (OC, XIV, 1265)

*

[*neurastenia*] Un poco de neurastenia no está mal. Le da a la vida un aire de folletín. Se ha pasado la noche asustado porque no se hace más que estornudar y se tienen los pies fríos, y se levanta uno satisfecho. Ha cambiado el panorama vital. Se pien-

183

sa que todas las aprensiones nocturnas no tenían importancia y se encuentra uno seguro y fuerte, pisando como conquistador este planeta insignificante. *[1949]* (DUVC, VII, 74)

*

[*Nietzsche, Friedrich*] No tiene más obra que una, una que ha repetido en diez o doce tomos y con distintos títulos; una obra llena de aforismos y de paradojas, de frases extrañas, violentas, dislocadas, a veces vulgares, a veces sublimes, siempre vigorosas, siempre intensas, con la hermosura malsana de lo ilógico y lo perverso. (...) Como hombre es un caso; como filósofo, es un temperamento; como artista, es un decadente (...). Me figuro a Nietzsche en el rincón de su despacho, sonriendo mefistofélicamente, al pensar en el efecto que sus paradojas van a causar en los philistines de Alemania; pobre diablo, de talento megalómano, y soñador, incapaz de matar una mosca y creyéndose más terrible que Atila. (...)

Hay, es indudable, en él una tendencia sana: la protesta contra las ideas socialistas de origen hegeliano, de absorber al individuo por el Estado. ¡Por Júpiter! ¿No les parece a ustedes que se ha abusado al imponernos una religión, una patria, un Estado, un servicio militar; al llenarnos la vida de trabas y al obligarnos, además, a que la amemos? Que venga la tiranía, el despotismo, cualquier cosa; pero que no se meta el Estado a obligarle a aprender a leer al que quiera ser salvaje, a vacunarse al que quiera tener viruelas, a vivir al que quiera morirse porque está aburrido, y a fijarle las horas de las comidas al que no tiene qué comer. *[1899]* (OC, XVI, 802-806)

Schopenhauer introdujo en la filosofía la espiritualidad, la gracia. Nietzsche hizo más: puso en sus obras filosóficas pasión. (...)

La explicación que me da un anarquista de sus simpatías por Nietzsche hela aquí: Nietzsche es de los nuestros. Su martillo ha roto en mil pedazos esta losa pesada e imbécil de las preocupaciones burguesas. Él ha opuesto al ideal ñoño del hombre mediocre, cantado y ensalzado por el socialismo, el ideal del *su-*

perhombre, el carnívoro voluptuoso errante por la vida. Los libros de Nietzsche son la bomba de Ravachol en el mundo de las ideas. (...)

Últimamente, un osado bandolero, que creo que ha cometido una barbaridad de desmanes, y que me trata, me dijo:

–Desde que he leído un artículo en un periódico sobre ese filósofo en moda, estoy satisfecho; tenía ideas estúpidas en la cabeza, remordimientos... ¡Ya ve usted qué tontería! Cuando vi escrita esta máxima: «Nada es verdad, todo es permitido», dije: éste es mi hombre. Que he hecho esto, y lo otro, y lo de más allá, ¿y qué? Hay hombres altos y bajos, orgullosos, cobardes, lujuriosos, estúpidos. Yo soy un hombre que no tiene *moralina.* Nada más. *[1904]* (TA, 24-27)

Nietzsche es, sobre todo, original cuando, de una manera preconcebida, enfurecida y deliberada, niega y toma la posición contraria al lugar común. Así, la mayoría de los hombres cantan y elogian la verdad como una de las bases de la vida. Él no: canta y elogia la mentira. En esto coincide con Ibsen.

Cuando Nietzsche es razonable –como cuando elogia a Goethe y el arte griego–, se confunde con cualquiera. *[1934]* (OC, XIV, 1061)

Alto poeta y psicólogo extraordinario (...). Salido del pesimismo más fiero, es en el fondo un hombre bueno. *[1917]* (JE, 30)

La moral, según el autor de *Zaratustra,* brota de un fondo de resentimiento, de rencor humano. Hay en su teoría atisbos geniales, es evidente; pero el que haya una parte de rencor en la moral ascética no quiere decir que toda la moral sea producto de ese rencor. *[1933]* (OC, XIV, 1158)

Dejó su sangre y su cerebro en la busca de la verdad y esto le da el carácter de uno de los primeros héroes de nuestro tiempo. *[1939]* (OC, XV, 229)

En el sentido de la bondad, de la piedad, de la comprensión

(...) no se había adelantado nada, y el hombre seguía siendo un bruto sombrío y cruel, como en tiempos remotos. Era la consecuencia más dura que se podía obtener del libro *Humano, demasiado humano*. *[1945]* (DUVC, III, 89)

Para nosotros, los escritores del tiempo, era el hito donde acababa una ideología y empezaba a dibujarse otra. *[1947]* (DUVC, IV, 173)

*

[*nihilismo*] No sé claramente lo que es ser nihilista. Supongo que será, principalmente, ser escéptico. Yo no lo soy. Creo en el trabajo del hombre, creo en el valor de la ciencia y de la razón, creo también en la verdad de la literatura y del arte, naturalmente relativa y humana. No estoy tan desprovisto de creencias para sentirme completamente desnudo; es decir, nihilista. *[1933]* (OC, XIV, 1251)

La negación de la belleza de la vida es muy característica de nuestra pintura. Desde el Greco y Zurbarán hasta Rosales, el lado negro de la naturaleza está muy acusado entre los artistas hispánicos. Cuando no hay negrura hay serenidad y severidad como en Velázquez o sensibilidad y violencia como en Goya. *[1939]* (AH, 162)

*

[*noche*] Se comprende que a una persona con un poco de imaginación le guste más andar de noche que de día. El día es para el trabajo y para lo definido, la noche para la vagancia y para lo inconcreto. El día para los que están bajo la advocación de Júpiter y de Marte, la noche para los saturnianos. *[1943]* (OC, XV, 294)

*

186

[*nostalgia*] Siempre parecen tristes y melancólicas las cosas que fueron; no se lo explica uno bien: se recuerda claramente que en aquellos días no era uno, ni mucho menos, feliz; que se encontraba más inquieto, más en desarmonía con el medio social, y, sin embargo, parece que el sol debía ser más amable y el cielo más prometedor.

Ese pensamiento en el pasado, cuando se deja muy atrás la juventud y se mira desde lejos, es como una herida que va fluyendo constantemente. *[1945]* (DUVC, III, 72-73)

*

[*novedades*] Cuando se queda uno al lado de la chimenea, con los pies al fuego, mirando las llamas, supone uno muchas veces que hay nuevos caminos que recorrer en la comarca; pero cuando se mira después el mapa, se ve que en todos los aledaños no queda nada nuevo. *[1917]* (JE, 43)

*

[*novela*] Yo no creo que la novela sea en literatura una forma definitiva. Es muy posible, es hasta probable, que varíe, que evolucione y cambie radicalmente. *[1904]* (TA, 100)

Hace ya mucho tiempo, al comenzar a escribir novelas, pensaba yo que debía dejarse a un lado toda preocupación de técnica. La técnica me parecía exclusivamente amaneramiento y rutina, y, efectivamente, hay una técnica amanerada y rutinaria, la del libro francés corriente, que vale poco o que no vale nada. Luego, más tarde, he ido cambiando de criterio. *[1904]* (TA, 113)

La verdad es que en el arte de hacer novelas, como en casi todas las demás artes, se aprende muy poco. La cuestión es tener vida, fibra, energía o romanticismo, o sentimiento, o algo que hay que tener, porque no se adquiere.

Si no fuera por la vida que tienen, novelas como *Le Rouge et le Noir* o *Crimen y castigo*, serían muy poca cosa. Lo que salva al novelista y al poeta es lo que pone y no se puede aprender. Los motivos que cada escritor tiene para dedicarse a escribir serían interesantes si se pudieran conocer bien. *[1918]* (HS, 67)

No es cosa de definir la novela; cualquier definición que inventara uno, después de calentarse la cabeza, sería incompleta, arbitraria y no vendría completamente justa. Que hay una necesidad para el hombre actual de leerla, no cabe duda. Para unos es como un abrigo necesario para preservarse de las inclemencias de la verdadera vida, para otros es una puerta abierta al mundo de lo irreal, para otros es un calmante. Se lea por una causa o por otra, es lo cierto que la novela para el hombre moderno forma un segmento importantísimo de la vida y a veces el más agradable. Algunos suponen que la novela tendrá en el porvenir una vida corta. No lo creo. No se ve en lontananza ninguna forma literaria que pueda sustituirla. La novela se acortará, se alargará, se hará filosófica, sentimental, puramente episódica; no desaparecerá ya jamás. Es un saco donde cabe todo. Claro que hay una clase de novela que pasa y la sustituye otra, pero el género no desaparece, no puede desaparecer. *[1918]* (OC, XVI, 502)

A la novela novelesca o folletinesca, como el drama un poco truculento, se le achacan dos faltas; primera, que no es seria; después, que no es verdadera.
Respecto a su falta de seriedad, puede ser muy cierto. No me parece el reproche tan exacto respecto a su falsedad.
La novela erótica, en general, es mucho más falsa que el mismo folletín. *[1934]* (OC, XIV, 1165)

A mi modo de ver, se puede llegar a concluir bien una novela o un drama estudiándolos con paciencia y atención. Hecho el esquema de la obra, lo difícil o lo casi imposible es el meter tipos vistos o entrevistos de la vida real en el armazón de ese esquema. Enseguida viene la alternativa de respetar los tipos o respetar el esquema, y, en general, no hay modo de resolverlo. *[1944]* (DUVC, I, 133)

¿Hay un único tipo de novela? Yo creo que no. La novela, hoy por hoy, es un género multiforme, proteico, en formación, en fermentación; lo abarca todo: el libro filosófico, el psicológico, la aventura, la utopía, lo épico, todo absolutamente. *[1948]* (DUVC, V, 208)

La novela es un género que se acaba. Ya hace más de cincuenta años que no se ha publicado una novela sugestiva y popular. En el primer medio siglo del XIX qué cantidad de novelistas sugestivos hubo para el público: Balzac, Dumas, Stendhal, Eugenio Sué; algunos, puros folletinistas. En Inglaterra, Dickens, Thackeray, ¿y ahora qué hay? Casi nada. *[1955]* (AP, 156)

O

[*oficio de vivir*] El hombre está aplastado por lugares comunes y muy atento a su conveniencia, y esto muchas veces le impide ver claro aun a las personas inteligentes. *[1947]* (DUVC, IV, 26)

El hombre, en general, es como el viajero del tren; todas las estaciones que ha pasado le parecen horribles; sin embargo, quiere seguir y pasar por nuevas estaciones, aunque tiene la sospecha de que serán tan desagradables como las otras. Le impulsa un instinto, no una reflexión. *[1947]* (DUVC, IV, 26)

La vida se va haciendo cada vez más pobre y más miserable. Como remedio al instinto sexual, el prostíbulo; como resolución por la lucha por la existencia, la intriga y el engaño; como diversión el fútbol y los toros. La literatura y el arte secos, la ciencia moderna que el hombre medianamente culto no la entiende. Guerras civiles y guerras internacionales a cada paso. Las utopías echando a los hombres al crimen, sin libertad posible de opinión. Esta pobre Europa va mal, cada vez peor. *[1947]* (DUVC, IV, 49)

*

[*olvido*] Una de las primeras condiciones de la vida es el olvido. *[1918]* (HS, 186)

Comprendo que en un momento una persona pueda estar asustada o deprimida. Yo no tengo a una persona odio por esto;

pero olvidarlo, no lo olvido. Tampoco olvido un favor. *[1947]* (DUVC, IV, 251)

*

[*optimismo*] Todos pensamos ser hombres muy razonables, aun los más insensatos, y creemos marchar impulsados por la gran sindéresis, como dice Gracián, y sin embargo, hacemos proyectos suponiendo que vamos a encontrar horas de placidez, de calma y de encanto en aquellos lugares en donde en circunstancias parecidas no hemos encontrado más que aburrimiento y molestia. *[1918]* (HS, 230)

En medio de la ruina en que nos encontramos los españoles, en medio del crimen, de la crueldad canibalesca y del robo, todavía nace un optimismo estólido para el día de mañana. Este animal violento que fusila y se baña en sangre y en lágrimas sueña a veces con un estúpido paraíso en el que todos sean buenos y piadosos. Es tal ilusión, no cimentada en nada, una de las más extrañas aspiraciones del hombre de hoy. *[1939]* (AH, 127)

*

[*orgullo nacional*] Tenemos todos una tendencia a considerarnos como tipos de excepción, como ejemplares de vitrina de un museo arqueológico, tendencia que me parece absurda y fatal. *[1918]* (MC, 271)

*

[*Ors, Eugenio d'*] El snobismo sin gracia ni ligereza del Xènius en *La Veu de Catalunya*. *[1910]* (DA, 91)

*

[*Ortega y Gasset, José*] Es para mí el viajero que ha hecho el viaje por las tierras de la cultura. Es un escalón más alto al que

192

es difícil llegar y más difícil aún afianzarse en él (...). Quizá yo veo con desagrado su tendencia ambiciosa y autoritaria; pero es un maestro que trae buenas nuevas aquí desconocidas (...), única posibilidad de filósofo que he conocido, es para mí de los pocos españoles a quienes escucho con interés. *[1917]* (JE, 129)

Respecto a lo que indica Ortega, de que hubiera yo necesitado fieros críticos, yo creo que él los hubiera necesitado más que yo, primeramente, porque un hombre que interviene en la política y aconseja medidas de carácter social, es más peligroso que el escritor que no aconseja nada práctico y que no hace más que comentar los hechos ante la conciencia individual. (...)
Yo creo en el talento literario de Ortega, pero en su intuición artística, musical y política no creo gran cosa. *[1944]* (DUVC, I, 179)

Yo no creo que Ortega tenga mucha intuición de los hechos políticos. Lo que tiene es el arte de flotar sobre la literatura y la política. Allá donde otros se ahogan, él flota. *[1947]* (DUVC, IV, 53)

[*padres de la patria*] La vida política de los partidos, hasta aquella de los que parecen más puros, descansa y se sostiene sobre una base enorme de vividores, de chanchulleros y de chantajistas. Cada diputado representa, por lo menos, unos cuantos matones, unos cuantos bandidos, unos cuantos explotadores; y lo menos malo que puede representar es unos cuantos caciques. *[1904]* (TA, 165)

*

[*País Vasco*] Hay que creer que en el País Vasco el que no es carlista o bizkaitarra es un granuja o un mercachifle. Es el lugar común frailuno. *[1929]* (OC, XVI, 82)

El tiempo de otoño en el País Vasco suele ser admirable. Más quizás en el País vascofrancés, en donde hay menos fábricas, menos industria, menos política, menos clericales y menos comunistas que en el español. *[1934]* (OC, XV, 58)

Para mí, la historia del País Vasco es poco importante dentro de la España y de la de Francia; un país pequeño que no tiene ciudades antiguas no tiene historia. La historia es una construcción de las ciudades. He creído, como digo, que el País Vasco no tiene historia de importancia, pero tiene prehistoria, sociología y mitología, y que éstas, por pequeñas que sean, tienen, mientras sean autóctonas, alguna trascendencia, por ser un reflejo, no de las ideas latinas, sino de algo anterior a estas ideas y anterior

también, en muchos casos, a las creencias indogermánicas. *[1944]*
(DUVC, II, 21)

En el País Vasco no ha habido aristocracia feudal ni tampoco latifundio. La misma hidalguía, con sus escudos, no creo que haya sido muy fuerte, aunque la petulancia actual le quiera dar un carácter importante. (...)
La hidalguía vasca es, más que nada, de carácter moral y racista. *[1944]* (DUVC, II, 22-23)

Cuatro son las provincias que comprenden el País Vasco español: Álava, Guipúzcoa, Navarra y Vizcaya, cuyas capitales respectivas son: Vitoria, San Sebastián, Pamplona y Bilbao. (...)
El interés y la sugestión que ejerce sobre el visitante la tierra vasca, tanto en su parte española como en la francesa, son debidos principalmente a la originalidad de los rasgos típicos que la unifican y diferencian de los demás países. Éstos le prestan un carácter singular, muy en concordancia con sus moradores, que guardan, o por lo menos han guardado su levadura racial, encastillados en un tradicionalismo que ha vencido durante mucho tiempo todas las vicisitudes históricas, y ha sabido mantenerse fiel a la pureza de su personalidad, defendiendo celosamente su patrimonio étnico y folclórico. *[1953]* (OC, XVI, 310)

La homogénea unidad etnográfica de estas siete provincias, *zaspiak bat* («siete en una»), no corresponde con la geográfica, y aunque no se hayan asimilado por su topografía, su historia y sus relaciones con sus vecinos, es indudable la existencia entre las siete de cierta afinidad familiar. *[1953]* (OC, XVI, 322)

*

[*palabra*] El español cree en la palabra, como Unamuno. A mí me parece esta creencia algo como una supervivencia de la mentalidad semítica.
Yo nunca he creído gran cosa en la palabra, pero ahora sí

çreo en ella. Creo que tiene eficacia, principalmente para el mal. *[1939]* (AH, 134)

La palabra, ¿quién cree en ella? Nadie. Algunos hemos pretendido en la vida cumplir la palabra dada y la hemos cumplido; pero cuando hemos visto que el compañero, o el que se llamaba amigo nuestro, no la cumplía y se quedaba tan fresco, nos hemos desilusionado y nos hemos dicho: «Hay que tener más cautela y hay que desconfiar y reservar la opinión». *[1955]* (OC, XV, 641)

*

[*Palacio Valdés, Armando*] Puede que compusiera relativamente bien sus libros, aunque hay algunos de una inverosimilitud absurda, como *La hermana San Sulpicio*, que tiene un aire de españolada tomada en serio.

Ahora, como escritor, yo creo que Palacio Valdés es muy pobre, de los peores del tiempo. Siempre vacilante, ramplón y, sobre todo, vulgar. *[1947]* (DUVC, IV, 86)

*

[*panaceas*] Ante la oscuridad de nuestro tiempo, los políticos tienen también sus específicos.

Se recomendó el republicanismo y la democracia como panacea universal; ahora se recomienda el fascismo y el comunismo. Mañana quizá se recomiende la guerra, el exterminio, el vegetarianismo o la antropofagia. *[1934]* (OC, XIV, 1308)

*

[*Pardo Bazán, Emilia*] Se exaltaba pensando en la aristocracia; yo le oí hablar varias veces como si fuera carlista. En cuestiones de clase social, era del aristocraticismo más rabioso que puede darse. En cambio, en otras cosas se manifestaba de ideas casi libertarias. *[1934]* (OC, XIV, 1351)

No me interesó nunca ni como mujer ni como escritora. Como mujer, era de una obesidad desagradable, y como escritora, todo eso del casticismo y del lenguaje no he tenido muchas condiciones para sentirlo (...) En su conversación, doña Emilia era un poco ansiosa y trepadora. *[1945]* (DUVC, III, 345)

*

[*parlamentarismo*] Yo creo que la mayor parte del entusiasmo que produce el régimen parlamentario en la burguesía depende de la posibilidad de hacer una carrera con rapidez, de la ilusión de representar un papel en el Congreso, de farolear, dar unos paseos en la tribuna, y de estirarse los puños ante el público. *[1931]* (OC, XIV, 374)

El parlamentarismo no ha demostrado más, sino que es un buen medio para los arribistas, para los ambiciosos que van a hacer su carrera.

Con la gran batalla política y parlamentaria, vino lo que se llamó el enchufe, y vimos a ministros, a subsecretarios y a diputados echándoselas de conquistadores en automóviles charolados con cupletistas y camareras en restaurantes y cabarets, en una cachupinada continua.

Estos Petronios de escalera de servicio no veían el interés del país sino el éxito, y para obtener el éxito ante el público, cualquier cosa puede venir bien. En España se dice, cuando en las corridas hay muertos y heridos, que hay hule. En un ambiente de sensacionalismo así, es imposible que se haga nada serio. *[1936]* (OC, XVI, 1345)

*

[*pasado*] Todos los pasados, y en particular el español, que es el que más me preocupa, no me parecen espléndidos, sino negros, sombríos, poco humanos. *[1908]* (LDE, II)

*

[*patria*] Si las patrias y los templos se derrumban no lloremos sobre ellos, pensemos que se levantarán otros mejores y que al fin y al cabo la patria del hombre es el mundo y el mejor templo la naturaleza. *[1918]* (MC, 283)

*

[*patriotismo*] Yo no puedo hacer que mi calidad de español o de vasco sean las únicas categorías para mirar el mundo, y si creo que un concepto nuevo se puede adquirir colocándose en una actitud internacionalista, no tengo inconveniente en dejar momentáneamente de sentirme español y vasco.

A pesar de esto, tengo normalmente la preocupación de desear el mayor bien para mi país; pero no el patriotismo de mentir (...), lo que, para mí, es más que un sentimiento una retórica. *[1917]* (JE, 47)

Si hay miseria, si hay emigración, si hay ignorancia, si hay caciquismo e injusticia, debemos callarlo, para que los españoles que viven en América puedan tener crédito y vender el bacalao, las latas de pimientos o el tabaco, en sus tiendas, con toda felicidad.

Es verdaderamente notable la pretensión de esos españoles que se van de su país porque les conviene (y están en su derecho, nadie lo niega), de creerse más patriotas que los que quedamos aquí y que tenemos que padecer los males de la patria y reaccionar contra ellos.

Para esos españoles de América el español debe ser un canario que se dedique a lanzar trinos al aire, aunque sea sobre ruinas y sobre páramos. *[1918]* (HS, 82)

La falta de un sentimiento patriótico natural, biológico, falta que se observaba en nuestra juventud, se debía, indudablemente, al abuso hecho por los políticos de la retórica patriótica, que les servía de capa para ocultar sus insensateces. *[1934]* (OC, XIV, 1245)

199

Para lo que tiene valor en sí no se necesita el ingrediente de la retórica patriótica. El patriotismo viene después, como una consecuencia biológica más que como una idea a priori. *[1934]* (OC, XV, 98)

–¿Usted cree que puede hablar de la patria y tenerla cariño el hombre que no ve más que sus injusticias y sus miserias?

–Sí. Siempre se puede querer a lo que es ingrato para uno, como se puede querer a una mujer malhumorada y antipática. Eurípides dice que la patria es el lugar donde el hombre se encuentra bien. Yo creo lo mismo. Para mí, la patria es lo que se halla bueno y amable en el país donde se ha nacido y se vive; la patria es el paisaje, el color del cielo y del campo, la manera de cantar que tienen los pájaros, la manera de sonreír que tienen la mujeres y el modo de jugar que tienen los chicos. Es el olor del pan, por las mañanas, que sale de los hornos de las aldeas, el aroma de las flores en el monte, la manera de hablar y de reír. (...) Esa otra idea metafísica de la patria que no tiene cuerpo es una idea de covachuelistas y de burócratas, completamente moderna y relacionada con la superstición del Estado. *[1950]* (ECV, 57-58)

El patriotismo, ¿aumentará o descenderá con el tiempo? No lo sabemos. Evidentemente, la patria va perdiendo valor como concepto, porque hoy la patria para los obreros son las fábricas, las cuencas de carbón, los muelles del gran puerto. Lo demás interesa poco y a nadie le atrae. *[1955]* (AP, 45)

*

[*paz interior*] Se quiere llegar a la paz interior cerrando las puertas y ventanas de sus chozas; trabajo inútil; no se llega más que a ser una momia, que empieza su vida de momia con una ablución en una pila bautismal y acaba hundiéndose en la gran sima trágica de una manera respetable, recibiendo los Santos Sacramentos y la bendición de Su Santidad. *[1923]* (DA, 167)

*

[*pena de muerte*] ¡Qué marranada más española! *[1931]* (FE, 246)

Una de las muchas cosas que separarán y ya separan al hombre del siglo XIX del actual es que éste no habrá visto ejecuciones ni conocido verdugos. *[1933]* (OC, XIV, 973)

La ejecución ha desaparecido en muchas partes para el delincuente común; no ha desaparecido aún para el rebelde político ni social. En esta esfera sigue habiendo verdugo y víctima, ejecutor y ajusticiado; ahora que aquí el verdugo es anónimo, no tiene nombre y apellido, es una fuerza armada; la víctima no es tampoco una, sino múltiple, víctima de ocasión, casual, sin antecedentes penales.

Esta concepción moderna del verdugo la ha llevado a la práctica, con más fuerza que nadie, la Rusia soviética, que ha sido el país de las matanzas; de las matanzas sabias y bien organizadas, en que no se desperdiciaba ni una bala de ametralladora.

Por el camino de Rusia han seguido los países fascistas, y es de temer que sigan los demás. El Estado lo absorbe todo, según los dogmas comunistas; tiene que absorber también la represión y el cargo de verdugo.

Así el espíritu de verdugo evoluciona y se infiltra en las altas esferas políticas y en sus servidores de uniforme.

Todo hace pensar que el reino de Moloc, el dios de los sacrificios humanos, va a devorar todavía mucho en el mundo. A pesar de la supresión oficial de la pena de muerte. *[1933]* (OC, XIV, 977)

*

[*pensamiento único*] Cuánto durarán las psicologías nacionales, no lo sabemos. Vemos, sí, que todo marcha a la uniformidad: las ideas, los hábitos, las comidas, las diversiones. Las gentes, aun en los campos, tienden a no comunicarse unos a otros directamente sus impresiones, sino a recibirlas por el intermedio de los periódicos. *[1934]* (OC, XIV, 967)

*

[*perdón*] El perdón es una solución, la mejor solución cuando brota del alma del que perdona y es aceptado y reconocido por el perdonado; pero cuando el perdón no está sentido, entonces es la peor y la más peligrosa de las soluciones. *[1904]* (TA, 84)

*

[*Pereda, José María*] Leerlo me parece ir sobre una mula caprichosa y resabiada que marcha con un trotecillo incómodo y hace cabriolas amaneradas a estilo de caballo de circo. *[1917]* (JE, 80)

Como escritor me gusta menos que Valera. Es también un hombre que busca la miopía como un ideal. Yo comprendo lo contrario. Esos hombres que levantan su torre en donde azotan todos los vientos: Nietzsche, Ibsen, Dostoiewsky, pero instalarse deliberadamente en un agujero sin horizonte, no me lo explico bien. Tomar constantemente el punto de vista del indiano, del tendero de ultramarinos o del vendedor de leche, me parece una idea bastante mediocre. Yo no sé si tendrá autenticidad esa identificación de Pereda, pero a mí no me divierte nada. Es una de las cosas que no me han convencido nunca del realismo. La mediocridad, por muy bien cogida que esté, no me entusiasma. *[1947]* (DUVC, IV, 84)

*

[*Pérez de Ayala, Ramón* y *Gabriel Miró*] Son escritores atildados; pero hay en ellos, para el público corriente, mucho enjuagarse con el estilo, mucho recrearse en la palabra, cosa que a la mayoría no nos interesa profundamente.

Esto es algo para especialistas, para técnicos, no para el lector normal que lee un libro para entretenerse, no para aumentar su vocabulario. *[1945]* (DUVC, III, 211)

*

[*Pérez Galdós, Benito*] No tuve gran entusiasmo ni por el escritor ni por la persona. Era, indudablemente, un novelista hábil y fecundo; pero no un gran hombre. No había en él la más ligera posibilidad de heroísmo. Nadie tiene la culpa de eso: ni los demás ni él. *[1924]* (DA, 25)

Tenía condiciones para hacer algo importante, pero pensaba, sobre todo, en el éxito y en el dinero. *[1947]* (DUVC, IV, 87)

*

[*periodismo*] Sé que si mañana me encuentro vejado por una enorme injusticia no he de encontrar Prensa que me defienda, a no ser que tenga amistades con periodistas o vaya a señalar algo que el exponerlo sea beneficioso para los intereses del periódico. *[1904]* (TA, 56)

El Arte literario se realizará en el periódico o se realizará en el libro. Yo creo que en el libro. El individuo está por encima de la masa. En el periódico, el escritor va al público; en el libro, el público va al escritor.

El periódico es al libro lo que la fotografía al cuadro. *[1902]* (TA, 100)

Debíamos pensar en suprimir toda esa cáfila de periodistas hambrientos y ambiciosos que hablan en nombre de la libertad, y que, a espaldas del público, viven del *chantaje* y de los manejos más viles con el gobierno, tan cobarde y tan miserable, que teme a esos periodistas, no precisamente por los cargos políticos que les puedan hacer, sino porque todos tienen mucho que ocultar en su vida privada. *[1904]* (TA, 55)

El periodista español, en general, no tiene afición más que a la política, al teatro y a los toros; lo demás no le interesa (...) es de una falta de imaginación y de curiosidad extraordinaria (...)

Con esta gente, que supone que lo mismo da que Milán sea puerto de mar o no lo sea, que cree que Nietzsche es una tabarra, y que afirma que Dickens es ramplón; con estos señoritos abogados, entusiastas de Maura, se hacen nuestros periodistas. ¿Cómo la prensa española va a ser otra cosa de lo que es? *[1917]* (JE, 145)

Estamos en ese momento en que el gran mérito de un partido es ser exaltado; de aquí la glorificación de los periodistas políticos, monos aulladores, que hacen, además, de tambor mayor, colocándose al frente de la plebe que marcha. *[1918]* (CH, 286)

Os habéis calentado la cabeza exprimiendo y poniendo a contribución la industria y la política, el gran círculo de recreo y el humilde garito, los toreros y los cantantes, la subvención de las empresas industriales y lo que se llama, con una retórica pomposa escupiendo en el plato para dar asco a los demás compadres: el fondo de reptiles. *[1919]* (CH, 242)

Parece que los periodistas tienen siempre la misión de confundir, de desvirtuar y de dar a todo proporciones y caracteres falsos. *[1939]* (AH, 111)

En el periodista muchas veces hay el contraste de su vida mediocre, hundida en la miseria, con su apostolado, que considera importantísimo. *[1955]* (AP, 94)

*

[*personalidad*] No debemos nunca sacrificar nuestra personalidad a nada ni a nadie; y si la necesidad nos obliga al sacrificio, hagámoslo con reservas mentales, esperando el día del desquite.

No debemos tampoco resistir a los atractivos de la vida; esto sería llevar el desorden a la dinámica de nuestro ser. Por otra parte, tampoco debemos edificar sobre la base de ilusiones, como la fidelidad y la constancia en el amor, por ejemplo; porque destruyendo de este modo el libre ejercicio de las pasiones, tratan-

204

do de hacer duradero lo que no puede ni debe ser más que transitorio, nos oponemos tambén a nuestra manera de ser íntima.

Nunca se debe desconfiar de sí mismo; todo lo que se quiera enérgicamente merece ser conseguido. *[1904]* (TA, 45-46)

*

[*perversidad*] En la literatura del siglo XIX se encuentran representados cientos de casos del hombre que abandona a la mujer joven por una dama más vieja y corrida. Entonces el autor, con un aire de unción un poco cómico, para explicar el caso inventado por él, habla de la perversidad.

Pero ¿qué perversidad? Todas las perversidades del hombre se pueden catalogar en media hoja de papel de fumar, y las conocen, al menos de oídas, los chicos de catorce años.

Los esfuerzos de Freud, de André Gide y compañía de poetizar las aberraciones son baldías. Es como si quisieran pegar unas alas a los cerditos y echarlos a volar. *[1936]* (OC, XIV, 1193)

*

[*Picabia, Francis*] Hacia 1939 estuve con una señora y un amigo en ese restaurante y café concierto de París que se llama Le Boeuf sur le Toit, y al lado del escenario vimos un cuadro titulado *El ojo cacodilato*, con unas cuantas mixtificaciones que pasaron por geniales hace años, pintadas por un señor Picabia, y creo que por otro, Tristán Tzara. Supongo que el mejor día ese *Ojo cacodilato* lo tirarán a la caja de la basura, y harán bien.

La cantidad de estupideces que se han puesto en circulación han sido infinitas. *[1944]* (DUVC, I, 123)

*

[*pícaros*] La picardía me parece un lugar común literario, y no me es nada simpática; no así la vagabundez, que, después de todo, no hace daño a nadie y es lícita. *[1934]* (OC, XIV, 981)

[*Picasso, Pablo Ruiz*] Mostraba demasiada audacia y demasiada ambición (...), se lanzó a la aventura como un antiguo pirata.

Yo le conocí a Picasso en 1901. Me pareció un joven simpático, un poco turbulento, amigo de mixtificaciones y de exagera-
ciones. Picasso es un divo. (...)

Se veía que era un hombre de inteligencia. Probablemente
quedará en la historia del tiempo como un tipo raro. (...)

Tenía de joven un aire atrevido y genial. En el poco tiempo
que estuvo en Madrid, en su estudio aparecieron treinta o cuarenta cuadros, hechos casi todos de memoria, algunos muy bonitos.

Era, sin duda, hombre muy bien dotado, con posibilidades de
hacer cosas extraordinarias. (...)

–¿Qué clase de hombre era este pintor? ¿Qué se proponía?
¿Cuál es el verdadero Picasso? –dirá el curioso del futuro. (...)

Era tipo de mirada aguda con una sonrisa irónica y burlona.

Se puede decir que por encima del cubismo es Picasso, y
que por encima de Picasso, su acción.

A mí me parece un excéntrico musical. *[1947]* (DUVC, IV,
252-260)

*

[*Picasso* versus *Juan Gris*] Yo supongo que el cubismo y los
demás ismos de la postguerra del año 14 no tienen importancia.
Todas fueron puras extravagancias. Entre sus cultivadores hubo
gente de talento y de audacia, como Picasso, y otros pequeños
mixtificadores, como Juan Gris. *[1947]* (DUVC, IV, 254)

*

[*Picasso* versus *Solana*] Picasso fue como un alquimista y Solana como un droguero. *[1947]* (DUVC, IV, 259)

*

[*piedad*] Yo he vacilado muchas veces queriendo resolver, no ya si en el cosmos, sino si en el interior del espíritu, es mejor la fuerza indiferente al dolor o la piedad. Pensando estoy por la fuerza y me inclino a creer que el mundo es un circo de atletas, en donde no se debe hacer más que vencer, vencer de cualquier manera; sintiendo estoy por la piedad y entonces me parece la vida algo caótico, absurdo y enfermizo.

Quizás en lo porvenir los hombres sepan armonizar la fuerza y la piedad, pero hoy, que todavía la fuerza es dura, brutal y atropelladora, hay que tener piedad; piedad por los desheredados, por los desquiciados, por los enfermos, por losególatras, cuya vida es sólo vanidad y aflicción de espíritu.

Y además hay que tener esperanza. *[1917]* (NTA, 45)

*

[*pintores*] La mayoría de los pintores actuales quieren huir de la literatura y de la poesía, pero, en general, no tienen necesidad de huir: son la poesía y la literatura las que huyen de ellos. *[1917]* (HS, 87)

Algunos de los pintores actuales son tan zoquetes, que no comprenden que la fotografía no es la realidad, ni mucho menos. *[1944]* (DUVC, I, 124)

Creer que Bretón, Picasso, Dalí o Miró son monstruos de inteligencia que van a aclarar el mundo interior y exterior es una pobre entelequia de un pueblo de buenos burgueses de cabeza pesada y de señoras que se creen a la moda.

El buen burgués que no ha discurrido nunca en la vida más que de una manera práctica cree que ver un cuadro extravagante de éstos es como comprender a Kant o a Einstein.

Y la tontería corre por el mundo. El único descubrimiento que han hecho estos pintores modernistas es que el público no entiende nada de nada, ni aun de pintura, que es como esos animales voraces que lo mismo tragan un pedazo de carne que una piedra. *[1947]* (DUVC, IV, 98)

Son más vanidosos aun que los escritores. (...) ¡Qué ilusión la de estos artistas, la mayoría falsos y diplomáticos, de creer que son francos y sencillos! ¡Qué espejismo más raro! *[1947]* (DUVC, IV, 243)

No he visto petulancia mayor que la de los pintores, sobre todo de los que se decían modernistas. Únicamente los tenores les aventajaban. ¡Qué idea de sí mismos más absurda! *[1947]* (DUVC, IV, 271)

Muchos creen en la heroicidad de los pintores. Yo no comprendo qué heroicidad puede haber en pintar con blanco, con rojo o con amarillo, o en pintar unas zapatillas o un vaso de noche. *[1947]* (DUVC, IV, 290)

*

[*pintoresquismo*] Cuando empieza a faltar algo es cuando se nota que ha existido. (...)

¿Qué es mejor: dejar que este carácter pintoresco desaparezca, o sostenerlo artificialmente? A mí me parece mejor dejar que desaparezca. Otra cosa sería convertir a los pueblos en escenarios de teatro, con sus comparsas, lo que en algunas partes se está intentando hacer, y que sería un poco denigrante por lo falso. *[1934]* (OC, XIV, 966)

*

[*pintura*] La pintura siempre ha sido un arte para gente rica; hablar de una pintura para el pueblo me parece una ridiculez. Nunca lo ha sido ni probablemente lo será.

Esta supervaloración de la pintura, como si con ella se nos hiciera un gran favor a los mortales, tiene caracteres raros. La pintura es un juego, una diversión de los hombres; pero no más trascendental que cualquier otra.

Desde Ruskin, esteta amanerado y pedante, se ha llegado al

culto del arte y ya se cree que entender de pintura es demostrar ser filósofo, pensador, hombre de espíritu. Puras estupideces. *[1947]* (DUVC, IV, 215-216)

Tampoco he creído nunca que la pintura tenga nada que ver con las ideas revolucionarias.

La revolución es un concepto político y social que se lleva con un abuso, sin sentido, a la esfera de las artes. *[1947]* (DUVC, IV, 222)

A mí, en la pintura, lo que más me interesa es el ambiente. *[1947]* (DUVC, IV, 238)

Hay mucha tontería en todo este embrollo de la pintura de la época actual. *[1947]* (DUVC, IV, 259)

*

[*plebeyez*] Este amor por el brillo es una de las manifestaciones más desagradables de la plebeyez actual. Tiene, indudablemente, este entusiasmo la misma raíz que el gusto de los negros por las baratijas y los collares de cristal. *[1917]* (HS, 225)

*

[*poesía*] Para mí la poesía está en un extremo de lo intelectual, casi en los confines de la música; por eso yo comprendo la poesía, la poesía sin conceptos; lo que no comprendo es la poesía sin compás. El concepto me parece que en poesía casi siempre sobra. *[1918]* (HS, 36-37)

Yo tengo una profunda repulsión por los sonetos. Me parecen una manifestación de pedantería antipática. Los encuentro más desagradables que las octavas reales. *[1947]* (DUVC, IV, 131)

*

[*poligamia*] Con arreglo a la Naturaleza, no cabe duda que el sistema de unión sexual más conveniente, más lógico y más moral sería la poligamia. *[1917]* (JE, 56)

*

[*política*] Yo siempre me he inhibido de la política, que me ha parecido un juego sucio de compadres. Si a veces me he asomado a ella, ha sido por curiosidad, como puede uno entrar en una taberna o en un garito. *[1939]* (AH, 112)

Toda la política moderna ha sido en la práctica glorificación de la mentira. La misma filosofía ha seguido este camino y se ha llamado pragmatista. Es decir: ha querido hacer el conocimiento esencialmente útil y práctico. *[1947]* (DUVC, IV, 32)

*

[*políticos*] Habría que imposibilitar a todos esos políticos de oficio, ambiciosos sin talento, que llegan al Poder después de una serie inacabable de líos y chanchullos públicos y privados; arrinconar a tanto general de salón, a tanto demócrata parlanchín, a tanto escritor abyecto, a tanto gomoso de la política.

Si el país necesita entenebrecer su vida, oscurezcámosla. Si necesita un buen tirano, busquémosle. *[1904]* (TA, 55)

En todos los pueblos del mundo la política produce un elemento ambicioso, arribista, bajo e inmoral. Político y chanchullero son sinónimos. *[1918]* (MC, 281)

Algunos creen que la política general española es distinta de la política local catalana o vizcaína. Es igual. No hay más diferencia que la política general española es una política íntegra de logreros y la política local es mixta de logreros y de fanáticos. *[1918]* (MC, 281)

Los políticos demócratas han pensado antes y ahora que los

autointelectuales primorriveristas les pisan el terreno, intentan cortarles la hierba bajo los pies, como dicen los franceses. No ven que, como los militares en tiempos de la dictadura, son ellos hoy los que lo acaparan todo, no sólo los sueldos y las mercedes, sino la publicidad máxima. Los discursos más vulgares, las más anodinas declaraciones, corren por todos los periódicos de España y se les da una importancia trascendental, de algo salvador para el país. *[1933]* (OC, XIV, 1073)

El ciudadano egipcio se pasaba setenta u ochenta años comiendo, bebiendo y haciendo alguna que otra tontería, y después se estaba cientos o miles de años con el cráneo lleno de asfalto o de betún, como muchos políticos actuales, y envuelto en vendas en calidad de momia. *[1934]* (OC, 27)

Yo creo que a costa de los políticos, socialistas o no socialistas, se puede hacer poca literatura. Se podrán hacer negocios o buena carrera, pero literatura, no. *[1944]* (DUVC, I, 172)

El político es casi siempre vanidoso y vulgar. No puede vivir sin elogios. Sus doctrinas no valen nada. Lo que se llama opinión pública enloquece a los jóvenes y andan preparando gestos y actitudes para buscar el aplauso de la galería. Son casi siempre esclavos de la fama, de la opinión de los demás y de la populachería. *[1955]* (AP, 23)

La política para los políticos. Mientras se deje a los abogados, a los comerciantes, a los escritores y a los zapateros echar discursos y decir necedades con un aire solemne, la vida social estará llena de peligros. *[1955]* (AP, 99)

*

[*pragmatismo*] Esta cuestión de la verdad y de la mentira, amigos chapelaundis, porque es la cuestión capital, la cuestión magna del sistema filosófico, que se llama pragmatismo.
El pragmatismo es un sistema ecléctico que ha querido resol-

ver el antagonismo que existe desde tiempo inmemorial entre las verdades científicas y las necesidades morales. (...)

El pragmatismo, desde un punto de vista político, es una doctrina ambigua para los países hipócritas. Es un escudo para los apetitos inconfesables. Así, un país pragmatista puede ser imperialista para fuera y liberal para dentro, monárquico en unas cosas y republicano en otras, religioso oficialmente e incrédulo en la vida privada. El pragmatismo se ha injertado en una doctrina política: el nacionalismo. *[1918]* (MC, 257 y 258)

*

[*principios, cuestión de*] No existe verdad política y social. La misma verdad científica, matemática, está en entredicho, y si la geometría puede tambalearse sobre las bases sólidas de Euclides, ¿qué no le podrá pasar a los dogmas éticos de la sociedad? *[1932]* (OC, XIV, 1278)

*

[*privilegios*] La desigualdad de la naturaleza es la que va ganando terreno. La juventud, la belleza, la inteligencia, la fuerza, eso es lo único que ya puede tener privilegios, y eso no es exclusivo de ninguna clase. *[1918]* (HS, 270)

*

[*«problema, el»*] –¡Ah! Usted no conoce el problema.
–Es verdad; yo no conozco el problema. Además, es muy posible que no haya problema, y que todo el problema catalán sea como el problema español: una cuestión solamente de libertad y de cultura. *[1910]* (DA, 89-90)

*

[*profesores... maestros*] Cuando el profesorado de una facultad es un poco de manicomio, no es difícil que los discípulos tomen aire de cretinos. Muchos profesores de este tipo hemos conocido que no podían vivir de geniales, y cuya genialidad principal consistía en las melenas, en los chalecos y en los sombreros.

Todas las capitales de provincia han tenido su Letamendi (...) de segunda y de tercera y de cuarta clase entre médicos, profesores, abogados y periodistas.

Los españoles podían estar hartos de estas genialidades teatrales e histriónicas y el gobierno no permitir que el profesor, pagado por él para enseñar una ciencia o un idioma, se dedicara a contar cuentos o a hacer chistes; pero los españoles admiran las fantasmonadas y a los fantasmones, y los gobiernos, sin duda, también. *[1933]* (OC, XIV, 1223)

No los jubilaron por sus influencias y por esa simpatía y respeto que ha habido siempre en España por lo inútil. *[1944]* (DUVC, II, 229)

*

[*Proust, Marcel*] Algunos que no leen más que los libros de su época piensan también que mirar hacia atrás, ir a «la recherche du temps perdu», es algo que ha inventado Proust; pero esta tendencia es un lugar común literario de todos los tiempos. Nuestro Jorge Manrique no hace más que eso en su melancólica elegía a su padre. *[1944]* (DUVC, I, 38)

*

[*provincia*] Tiene sus virtudes y sus defectos. Se dan a veces casos en donde se reúnen todos los valores universales con los provincianos en una obra maestra; éste es el caso del *Quijote*, de las aguas fuertes de Goya, de los dramas de Ibsen. *[1917]* (JE, 146)

*

[*prudencia*] El hombre prudente y de pocas aspiraciones es el que tiene que marchar con más cuidado en la vida. Al hombre ambicioso y fanfarrón se le perdonan muchas cosas: la audacia, la inconsecuencia, la maniobra desleal; pero al prudente y de pocas aspiraciones no se le perdona nada y se mide su conducta al milímetro. *[1949]* (DUVC, VII, 29)

*

[*psicoanálisis*] El psicoanalismo, que es algo como el cubismo de la Medicina, ha sido un excelente sacacuartos. En España tuvimos los toques en la nariz del doctor Asuero, que llamaron mucho la atención y produjeron una gran expectación en el público. *[1941]* (DUVC, I, 128)

No nos conocemos. Nadie se conoce, decía Goya en una de sus estampas. (...) Habrá gente que crea que el psicoanálisis de Freud con su aire de taumaturgia primitiva ha llegado a aclarar las zonas obscuras de lo subconsciente, pero esto parece una ilusión pasajera. El psicoanálisis no ha aclarado nada. *[1939]* (AH, 85)

Yo en eso del psicoanálisis creo muy poco o nada. Todo ello me parece palabrería judaica (...) no es nada: mixtificación y reclamo. *[1949]* (DUVC, VII, 221)

*

[*pubertad*] El despertar de la pubertad en una de nuestras ciudades levíticas era algo grave. Lo seguirá siendo aún, aunque quizá no tanto.

Al llegar a ese período, hay que inocularse varios virus para reaccionar normalmente, vacunarse para las alergias de la vida psíquica. Si se resiste a estas inoculaciones se queda uno inadaptado para siempre. *[1944]* (DUVC, II, 171)

*

[*público*] El público produce el histrionismo. El hombre que vive para el público es un cómico. Yo he notado que cuando se habla en público se habla como cuando se usa un idioma extranjero que no se conoce bien. Se dicen sin querer frases exageradas, que no se conocen bien. (...)

En la ecuación que se establece entre hombre y público, el público exige al hombre que éste se acomode a su modelo. Su modelo es el fantoche. De aquí el entusiasmo de la masa (...) por el fantoche político o literario, por el gran histrión. Cuando este histrión tiene genio verbal, el público se derrite de entusiasmo. *[1933]* (OC, XIV, 1313-1314)

Cree con la mayor facilidad las más grandes necedades. *[1945]* (DUVC, III, 33)

No me dejan de interesar los cómicos por su oficio en sí, sino por su dependencia obligada con el público, que, en general, es una gran bestia fiera y mal intencionada, cuya influencia perturba a cualquiera. *[1945]* (DUVC, III, 39)

Se ve que el público no entiende nada de nada, ni aun de arte. Pasa de no querer comprar por cuatro cuartos un paisaje hermoso a adquirir un cuadro cubista o una tela del aduanero Rousseau. *[1945]* (DUVC, III, 171)

R

[*radio*] Es el lugar común pesado, lanzado a voleo sobre toda la gente ociosa y sin carácter; de él no se puede uno defender, aunque se hagan esfuerzos para librarse de su infección y de su petulancia; porque aunque uno no tenga aparato en su casa, ni lo enchufe para su embrutecimiento, oye a través del tabique voces imposibles de evitar cuando suena el de la casa vecina, y le llega, cuando las ventanas del patio interior están abiertas, el del vecino o el de la portera, aficionadas entusiastas a esta chismografía a domicilio. Es una verdadera tabarra, un castigo ignorado por Dante después de su viaje al infierno.

Aspira a imponer como algo trascendental, las circunstancias del momento, y descarga sobre nosotros una tormenta de vulgaridades que como una tempestad nos sorprende en medio del campo sin lugar alguno donde refugiarnos. *[1955]* (OC, XV, 653-654)

*

[*Ramón y Cajal, Santiago*] Histólogo que como pensador siempre ha sido de una mediocridad absoluta. *[1917]* (JE, 35-36)

Sus ideas científicas no creo que fueran de gran envergadura. En cuestiones de investigación es el hombre de más importancia que ha tenido España (...). Tenía mucha política a pesar de su aire huraño y desabrido (...). Había algo en él de gran rabino (...). Tenía cierta duplicidad en la práctica de la vida. No creía que su carácter de biólogo le obligara a tener una aptitud especial en la vida, y pensaba sin duda que un histólogo debía ser, si era profesor, como un profesor de Literatura o de Derecho, retórico y oportunista. Así, hablando de sus compañeros de facultad, a quienes realmente no podía estimar, porque no eran nada, los trataba en sus escritos como a personas de importancia, sabiendo seguramente que no lo eran, y, además, empleaba una prosa arcaizante (...); se ve que era arbitrario. *[1947]* (DUVC, IV, 329)

*

[*raza... pureza*] La exaltación de unas gentes, por una noción tan fantástica como la limpieza de sangre, tenía que traer, naturalmente, el desprecio por otras gentes. Así, mientras el mundo cristiano medieval se llenaba de condes, de barones, de caballeros y de hidalgos, iba formándose al margen la capa de los detritus con las razas despreciadas: los moriscos, los gitanos, los agotes, los *cagots*, los chuetas, los marranos, los collibert, los vaqueros. *[1918]* (HS, 206)

Hoy en la raza como dirección fija, manifiesta, apenas se cree. Ese elemento misterioso y fatal, que parecía una divinidad antigua, ha perdido casi toda su garantía, y naturalmente, la psicología basada en ese concepto se ha venido abajo. No hay razas puras entre los hombres, todas están mezcladas, no se sabe siquiera cuál es el tipo étnico de cada raza, mucho menos cuál es su tipo espiritual. *[1918]* (MC, 259)

La idea de la raza pura reaccionando de una manera especial, instintiva, biológica, contra la cultura y el ambiente es una fábula. *[1918]* (MC, 260)

Hoy se ve que todos los pueblos son mixtos, de varias razas. A muchos, la aclaración lenta y sistemática no les agrada, porque destruye una idea admitida porque sí, generalmente basada en la vanidad. *[1934]* (OC, XV, 23)

Yo no creo que una raza pueda tener originalidad más que

por su cultura. Fuera de la cultura, ¿qué originalidad puede tener una raza? ¿Y, sobre todo, en nuestro tiempo? Yo creo que ninguna. *[1944]* (DUVC, II, 15)

Yo siempre he creído, en lo que se refiere a la raza, más en lo natural que en lo social o en lo histórico, y una nariz bien hecha o una frente despejada me parece que dicen más sobre la excelencia de una familia que una ejecutoria. *[1944]* (DUVC, II, 26)

*

[*rebeldía*] Somos para la mayoría –unos cuantos que queremos ser rebeldes porque tenemos la aspiración de ser sinceros– una tropa de gente malhumorada y virulenta, que se pasa la vida rechinando y maldiciendo de todo.

Si manifestamos nuestro odio por este liberalismo español que ha llenado de conventos a España, nos dicen: «Son ustedes reaccionarios»; si expresamos nuestra repugnancia por este arte español de nuestros días, ñoño, insustancial y sin fibra, nos acusan de antipatriotas.

Hay majadero que cree de buena fe que unos cuantos que protestamos contra todo estamos pagados por los jesuitas. *[1904]* (TA, 13)

Todos tenemos un rebelde dentro de nosotros; y como por útil y beneficiosa que sea la constitución del Estado y del orden social vemos que tiene también sus desventajas, en éstas se basan nuestras simpatías por lo antisocial. *[1904]* (TA, 69)

El descontento, el sentimentalismo y el rencor forman la base de todo espíritu rebelde que reacciona contra la vida corriente. *[1933]* (OC, XIV, 1264)

*

[*rebelión de las masas*] No veo por qué se puede tomar como un hecho nuevo la rebelión de las masas. Las masas se han rebe-

219

lado siempre que han podido, lo mismo contra el Estado que contra la Iglesia oficial. Una parte de la historia no es más que esto: rebeliones contra el Poder. *[1947]* (DUVC, IV, 52)

Da la impresión de que todas nuestras luchas, y con ellas las guerras, las hambres y las pestes, no se diferencian gran cosa de las que se dan en la vida de los insectos, y parece que, después de la sangre, de los incendios y de las destrucciones, los países se contentan con vivir como antes: en la mediocridad, y los hombres aspiran a no ascender en el plano de la existencia corriente, sino a mirar como un ideal la vida pasada, que antes les parecía vulgar y sin grandes atractivos. La comprobación de la inutilidad de este agitarse de las masas, de este tejer y destejer, de esta lucha violenta por ideales que fracasan, es cosa muy triste. *[1947]* (DUVC, IV, 55)

*

[*redoble de conciencia*] El hombre está organizado de manera que no le hacen mella los peligros más que cuando están muy cerca. Decirle morir tenemos al que está, por el momento, sano, es como decirle al gastrónomo que se halla en funciones de engullir que existe la gota, la apoplejía y el catarro gástrico. *[1917]* (HS, 331)

*

[*Regoyos, Darío de*] Era hombre que, viviendo y trabajando de una manera juiciosa y sensata, parecía casi siempre disparatado y absurdo. Tenía una mezcla de ingenuidad y de alegría, una cara jovial y sonriente, con un ojo más alto que otro.

Era hombre cándido, curioso, sin malicia, y tan aficionado a preguntar, que ponía en un compromiso a cualquiera. (...)

Intimaba enseguida con toda persona que le pareciera simpática. (...)

Sentía un profundo desdén por todo lo pomposo. Era un anarquista de la pintura. (...)

220

Creía, como Sorolla, por quien no manifestaba la menor simpatía, que el arte, sobre todo la pintura, influiría en la vida y en la moral social; yo creía que no. (...) Era un panteísta, un admirador ingenuo de la naturaleza. (...)

A pesar de la imperfección frecuente de dibujo, puede ser que Regoyos quede con el tiempo como el más original paisajista español de su tiempo.

Daba en su vida una impresión de realidad y de gracia infantil que no la ha dado nadie.

En Regoyos se veía la espiritualidad por encima de la técnica, como se ve en los pintores impresionistas buenos. De aquí su encanto para la gente sencilla. (...)

Era un asturiano, vasco de adopción, y en pintura, francesista. *[1947]* (DUVC, IV, 228-238)

*

[*religión*] La cuestión de la religión tiene hoy el mismo valor que ayer, y lo tendrá siempre. A un lado están, y estarán siempre, los que creen que la Iglesia es la verdad y que la verdad debe tener la fuerza; al otro estaremos los que creemos que la verdad (...) es casi inasequible y los que pensamos que aunque fuera asequible no debería tener nunca fuerza. *[1918]* (DA, 121)

La religión contribuye en gran parte al humorismo. Esos vuelos de la imaginación por el espacio azul del sueño, cuando no se sostienen, tienden al humorismo. *[1920]* (CH, 187)

Si yo pudiese creer que ese conjunto de palabras de letanía tuviera alguna eficacia en la naturaleza, que a mí me parece ciega y sin intenciones humanas, pues andaría también todas las noches a vueltas con el *salus infirmorum* y el *refugium peccatorum*. *[1929]* (OC, XVI, 83)

En España estamos viendo estos años un despertar del politeísmo y del fetichismo muy curioso con esas imágenes de las vírgenes que llevan las viejas a las casas en una cajita de madera.

¿Cómo subsisten muchas ideas absurdas, de magia, en una sociedad que parece ya inspirada por la ciencia? Yo creo que subsisten, primero porque esas supersticiosas tienen su raíz en las entrañas humanas, y luego, porque la ciencia no influye en la vida. *[1935]* (OC, XVI, 1317)

Aunque la humanidad se convenciera de la debilidad de la razón y de la fuerza de la fe, lo que me parece imposible, nadie iría a buscar una religión en el Oriente; cada cual tomaría la religión próxima, la de su país y la de su raza. (...) El europeo, el hombre blanco, debe seguir adelante con sus teorías y sus máquinas y su técnica y su alcohol, porque si se quiere dedicar a la contemplación y al éxtasis se deshará sin beneficio para nadie. *[1939]* (OC, XV, 147)

Las religiones todas han preconizado la bondad, la caridad, etcétera. (...) No hay religión que diga: matarás, robarás, odiarás a tu prójimo, considerarás a los demás como animales...
Sin embargo, todas dan soldados sicarios y verdugos y todas están empapadas en sangre de la cabeza a los pies. *[1943]* (OC, XV, 195)

Lo ejemplar para mí es ver cómo la invención, lo falso, es siempre más fecundo en las religiones y en la literatura que lo visto, que lo evidente. Lo instintivo es más atractivo que lo demostrado, suponiendo que lo demostrado lo pudiera ser de una manera absoluta, cosa que hoy nadie cree porque la misma matemática no se considera como exacta, sino como un ejercicio útil y práctico con un fondo tan poco sólido como todo lo demás en que se basa la ciencia y los otros conocimientos humanos. *[1939]* (OC, XV, 229)

*

[*renacimiento*] Yo creo posible un renacimiento, no en la ciencia ni en el arte, sino en la vida. El primer renacimiento se originó cuando los pueblos latinos hallaron bajo los escombros de una civilización, muerta, al parecer, el mundo helénico tan hermoso, aún palpitante; el nuevo renacimiento puede producirse, porque debajo del montón de viejas tradiciones estúpidas, de dogmas necios, se ha vuelto a descubrir el soberano *yo. [1904]* (TA, 44)

*

[*Renard, Jules*] Un realismo sin lirismo, pero muy bien conseguido, es el de Julio Renard en alguno de sus libros. Recuerda algo de los cuadros de Chardin. Parece que es un producto de un procedimiento casi mecánico de trabajo; pero puede apostarse que es todo lo contrario, que es un producto de muchos ensayos y pruebas, de quitar y de poner hasta conseguir el efecto deseado. *[1944]* (DUVC, I, 68)

Tenía la precisión del dibujo de los primitivos franceses, eligió en la vida monótona de la aldea lo típico, lo característico. *[1944]* (DUVC, I, 112)

Yo no creo que fuera un genio, es decir, de esos hombres extraordinarios que les favorece el tiempo y la suerte; pero sí uno de los escritores más destacados de su época y que sobrevivirá. *[1947]* (DUVC, IV, 214)

*

[*rencor*] El fanatismo es algo odioso, pero es repugnante el rencor. (...) Parece que a las gentes que les toca el premio gordo de la lotería no les basta. Quieren, además, que los otros se pudran en la cárcel o en el hospital. Esto, más que «humano, demasiado humano», es «miserable, demasiado miserable». ¡Qué plebe esta socialista, comunista y fascista! Tiene los odios reconcentrados de todas las sectas. *[1939]* (AH, 145)

Es evidente que la mayoría de los hombres conservan en su memoria el recuerdo de una injuria o de un agravio. Sólo la gente débil olvida las ofensas. Lo que es terrible y da muy mala impresión del hombre es que para muchos de ellos el beneficio se convierte en agravio. *[1955]* (AP, 116)

*

[*república del Bidasoa*] Un pequeño país limpio, agradable, sin moscas, sin frailes y sin carabineros. *[1918]* (MC, 280)

Un pueblo sin moscas quiere decir que es un pueblo limpio; un pueblo sin frailes revela que tiene buen sentido, y un pueblo sin carabineros indica que su Estado no tiene fuerza; cosas todas que me parecen excelentes. *[1924]* (DA, 25)

*

[*República Española*] Respecto a los hombres de la República, me parecían necesariamente abocados a dar tropezones y a hundirse definitivamente. Creo, la verdad, que no tenían una idea clara del pueblo donde vivían. *[1947]* (DUVC, IV, 70)

*

[*resentimiento*] En la vida ordinaria, este fondo de rencor y de envidia tan humano está velado por la prudencia, la sociabilidad, por el cuidado de conservar una buena reputación, y así muchas veces lo que nace con intenciones de mordisco o de arañazo se termina en un chiste o en una sonrisa. *[1933]* (OC, XIV, 1312)

*

[*respetabilidad*] Ya se sabe que para la gente un viejo, si es negado y un poco lerdo, es siempre respetable.
Cuando deja de ser respetable para el público es cuando es inteligente. *[1947]* (DUVC, IV, 16)

*

[*respeto humano*] Un poco más arriba de Truquenecoborda, hay otro caserío, Larunchoco, que también es de un americano, pero éste ha venido de la Argentina, donde era carpintero. El día que llegaba al pueblo venía yo en el mismo tren y él hablaba con un cura en vascuence y le decía que en América había gentes de todas castas y religiones, pero que no se molestaban unos a otros porque había entre ellos respeto humano. Estas dos palabras *respeto humano*, metidas en la conversación en vascuence, se destacaban de una manera rara. *[1918]* (HS, 216)

*

[*responsabilidad*] El hombre es responsable de sus actos y de sus ideas. Conviene socialmente que así lo sea. (...)

La no responsabilidad deja sin base la moral y convierte la sanción en una cosa utilitaria, de higiene colectiva. Con este criterio al hombre culpable considerado no completamente responsable se le podrá apartar de la circulación como a un animal enfermo o peligroso, pero no castigarle con rudeza implacable. *[1933]* (OC, XIV, 1257)

*

[*revolución*] Yo no llamo revolución a herir o matar; yo llamo revolución a transformar. Y para eso hay que declarar la guerra a todo lo existente. La lucha por la vida y la guerra son los principios que conservan en el hombre las cualidades viriles y nobles. Luchar, guerrear; ésta debe ser la política nuestra. *[1910]* (DA, 1910)

Se comprende que uno quiera un cambio pensando en una utopía o en una realidad; lo que no se comprende es querer la revolución para nada, para cambiar unos tópicos en otros tópicos. *[1944]* (DUVC, II, 183)

*

[*revolucionario*] Los revolucionarios quieren, sobre todo, vencer y castigar. De aquí su parecido con los fanáticos de la religión. Quieren ser los amos, y desde que sienten esta necesidad o este deseo se convierten en seres de aire satánico o demoníaco, en cultivadores de Baco-Dionisos. *[1939]* (AH, 114)

El hombre que tiene más de cuarenta o de cincuenta años no es revolucionario más que de nombre. El viejo es biológicamente conservador, quiera o no quiera. *[1947]* (DUVC, IV, 139)

*

[*revolucionarios... españoles*] Nuestros revolucionarios son como los cubistas: quieren hacer pasar cuatro tonterías manoseadas que ruedan por el mundo como genialidades de gran porvenir. *[1932]* (OC, XIV, 1274)

Tal vez en los primeros revolucionarios hubiese un ideal y fuesen seres que deseaban de buena fe un mundo mejor, pero los que después lucharon no pasaban de ser una caterva de ladrones y de asesinos. *[1955]* (AP, 150)

Las furias revolucionarias eran las mismas que en tiempos de la monarquía iban a las procesiones. *[1955]* (AP, 116)

*

[*rey de la creación*] Consecuencia de la investigación científica y de la quiebra del prestigio de la Biblia es la pérdida para el hombre del valor astronómico de la Tierra. La idea de insignificancia de ésta, idea genial, viene de Copérnico. El canónigo polaco, cuando descubre su sistema, comprende su importancia y las protestas que puede producir, y no la quiere dar al público más que a su muerte. *[1933]* (OC, XIV, 1255) [*risa*] Lo que no marra casi nunca es la risa. La persona que ríe se descubre. Reírse es como quitarse la careta. *[1918]* (HS, 237)

Bergson quiere considerar la risa siempre como protesta social. Yo no lo creo. Me parece su idea exagerada, de judío.

Yo creo que hay la risa del buen humor, una risa un poco pánica, sin intenciones sociales. *[1934]* (OC, XIV, 1166)

Yo creo que se necesita (...) un fondo de cultura y de benevolencia para ir a un teatro y reírse de ver puestas en ridículo las costumbres y las ideas privativas de uno. *[1934]* (OC, XIV, 1166)

*

[*Robinson*] La preocupación ética me ha ido aislando del ambiente español, convirtiéndome en uno de tantos solitarios, Robinsones con chaqueta y sombrero hongo, que pueblan las ciudades. *[1908]* (LDE, 9)

El hombre que con los años se inclina un poco a la soledad y al aislamiento, yo supongo que no puede creer gran cosa ni en la agudeza literaria y artística del público ni en la justicia social. *[1933]* (OC, XVI, 88)

Un hombre un poco digno no podía ser en este tiempo más que un solitario. *[1924]* (DA, 17)

Eso de que alguien quiera separarse del rebaño y formar su vida a su modo es algo que produce gran cólera entre nuestra burguesía. La pretensión se considera como una ofensa. *[1924]* (DA, 19)

El hombre de las ciudades actuales tiene una tendencia centrífuga, un fondo de insociabilidad y un cierto robinsonismo, un poco estólido, unido a cierto culto por la naturaleza.

Todo el mundo es hoy un poco naturista, heliófilo y montañero. *[1934]* (OC, XV, 35)

Todo (...), con los años, va empujando al aislamiento y se tiende a sentirse entre la gente un solitario, si no como un verdadero Robinsón en una isla desierta, como un falso Robinsón en el árbol del Cuco. *[1944]* (DUVC, II, 177)

En tiempos en que el fracaso se cierne sobre una persona, el hombre inadaptado tiende a replegarse sobre sí mismo y a separarse de los demás en ideas prácticas y teóricas. El éxito y el fracaso son como dos polos, el positivo y el negativo de la vida social. El horizonte es muy distinto contemplando la vida desde uno o desde otro. *[1945]* (DUVC, IV, 78)

*

[Rueda, Salvador] Creo que era buena persona; yo no le oí hablar mal de nadie. Estaba empleado en el Museo de Reproducciones. Tenía unas ideas un poco candorosas. Creía que se debía enseñar al pueblo a sentir la poesía y el arte. No sé para qué. La plebe hubiera agradecido más vivir un poco mejor y tener una casa regular.

Rueda se creía un hombre selvático, instintivo, y estaba tan alucinado con esta idea que a mí me dijo varias veces que él tenía el alma y el cuerpo de un pastor.

Yo no creo que nadie al verle ni al oírle le hubiera tomado por un pastor. Más parecía un covachuelista. *[1947]* (DUVC, IV, 172)

*

[ruinas] En las ruinas hay para nuestro espíritu algo más que evocación histórica: hay un factor humano más próximo y más fuerte.

Un temperamento anarquista, dionisíaco, contemplador de la Naturaleza, tendrá amor por las ruinas. En el origen de este amor late quizás un fondo de odio contra la obra del hombre. *[1917]* (HS, 219)

*

[*Ruiz Contreras, Luis*] Éste es un señor que se ha pasado sesenta años intrigando en un medio tan misérrimo como la literatura. Es un Tayllerand de casa de vecindad. *[1947]* (DUVC, IV, 293)

*

[*Rusiñol, Santiago*] La bohemia de Rusiñol no era más que amaneramiento. León Daudet habló también de Rusiñol como de un tipo romántico y descuidado.

Es posible que no se diera cuenta clara de su diplomacia, pero era hombre que sabía muy bien lo que se hacía y tenía su técnica para todo. *[1947]* (DUVC, IV, 244)

Me pareció un falso bohemio, porque era hombre de gran fortuna, y que, sin embargo, convivía con artistas pobres.

La pintura de Rusiñol no creo que sea de un artista genial; pero está muy bien. Su literatura me gusta mucho menos; me parece que ha pasado sin dejar huella. *[1947]* (DUVC, IV, 267)

[*Salmerón, Nicolás*] Era un histrión inimitable: el histrión que está convencido de su papel. Era el orador más maravilloso que se ha podido oír. Como filósofo no era nada, como político era una calamidad. *[1917]* (JE, 151)

Al oírle se podía pensar, como dice Huarte de San Juan, que la elegancia y la policía en el hablar no es señal de gran entendimiento. *[1945]* (DUVC, III, 275)

*

[*San Sebastián*] En San Sebastián, como en todos los pueblos del País Vasco, no se considera serio más que el veraneo, el cemento armado y la forma de los pantalones. Se mixtifica todo sin pudor. Quitando las fiestas de las Espigas y las Placas del Sagrado Corazón de Jesús, lo demás no tiene importancia. *[1904]* (TA, 121)

Es un escaparate en donde no hay nada de lo que busco.
En cambio de lo que no busco hay mucho; por ejemplo: curas, frailes y demás gentecilla. *[1918]* (HS, 239)

*

[*Santa Cruz, cura*] No era un legitimista, era casi únicamente un religioso. De las tres palabras que forman el lema carlista: Dios, Patria y Rey, probablemente Santa Cruz no pensaba más que en la primera.

La Patria para él era poca cosa; el rey era un monigote que se movía en manos de sus rivales; sólo Dios era Dios.

Teocracia, teocracia, teocracia. Éste era su ideal. No era más que un sacristán cruel, que no tenía condiciones más que para fusilar y para huir. *[1935]* (OC, XVI, 1334)

*

[*Satie, Erik*] Era un bohemio abandonado, con melenas y barbas que hablaba mal de la música antigua en un círculo de admiradores. Luego oí una obra suya, y me pareció muy mala. Hacer ironías con la música es imposible y baldío. *[1945]* (DUVC, III, 170)

*

[*savoir vivre*] Cuando el hombre se pone en ese plan de pensar sólo en ganar su sustento, pierde con frecuencia una serie de condiciones buenas: la sinceridad, la honradez, la audacia, y adquiere otras malas: la adulación, el instinto de medro y la intriga. Esto se llama saber vivir. *[1943]* (OC, XV, 194)

*

[*Sawa, Alejandro*] Era en el fondo un hombre sano, un mediterráneo elocuente, nacido para perorar en un país de sol, y se había empeñado en ser un productor podrido del Norte. *[1917]* (JE, 138)

Era un personaje decorativo a quien se le tenía por genial. Hablaba con gran prosopopeya. Imitaba el tipo de Alfonso Daudet con su barba y su melena; andaba de café en café y de taberna en taberna, en compañía de un perro que se metía en las cocinas a comer lo que encontraba. Se decía de Sawa que, en su juventud, le había besado Víctor Hugo en la frente y que ya no quería lavarse la cara (...); acabó ciego y loco en una guardilla. *[c. 1939]* (OC, XV, 177)

Escribió un libro de artículos titulado *Iluminaciones en la sombra*, ¡qué poca luz tenía para iluminar nada! *[1945]* (DUVC, III, 218-219)

*

[*Sawa, Manuel*] Era un malagueño alto, con una barba larga y negra, de profeta judío, embustero como pocos, cínico y desgarrado en el hablar, y tartamudo (...). Se había quitado su barba profética y sin ella tenía un aire de charrán, pescó la gripe y terminó en la calle. *[c. 1939]* (OC, XV, 178)

Las fantasías de Sawa eran innumerables: tan pronto estaba mezclado en una aventura política que en grandes empresas industriales. (...) Tan pronto era instaurar la República del Cunani como hacer la revolución, como preparar un gran negocio en África o en América y traer monos, serpientes, caimanes o tiburones. (...) Conocía a algunas gentes raras que, sin duda, no veían en él lo que era, es decir, un vividor, farsante y desaprensivo. *[1947]* (DUVC, IV, 396-399)

*

[*Sawas*] Los Sawas eran cuatro, como los jinetes del Apocalipsis, de origen griego o judío. *[c. 1939]* (OC, XV, 176)

*

[*Schopenhauer, Arthur*] Tenía para mí el atractivo de ser un consejero chusco y divertido. *[1944]* (DUVC, II, 256)

*

[*sensibilidad*] El hombre debe tener la sensibilidad que necesita para su época y para su ambiente; si tiene menos, vivirá como un menor de edad; si tiene la necesaria, vivirá como un hombre adulto; si tiene más será un enfermo. *[1917]* (JE, 40)

*

[*separatismo*] Ya sé que no se puede hablar hoy del separatismo, porque los nacionalistas, aun los más absolutos, no quieren llamarse así. ¿Pero ésta es una cordialidad que debemos agradecer o es el reconocimiento de que no se puede vivir separados? ¿Es un mérito o es el convencimiento de que no se pueden cortar los lazos con que nos une a los españoles, sobre todo, la geografía? *[1910]* (DA, 101)

Con relación al interés parece lógico y práctico a primera vista que las regiones ricas se quieran separar de las pobres. Es un sentimiento egoísta, mezquino, pero muy natural. Quizás a la larga no sea tan práctico como parece. Séalo o no lo sea lo que no comprendo es que se odie a la región pobre y a sus habitantes por pobres. Esto será siempre una aberración, un sentimiento despreciable para un verdadero chapelaundi. (...)
Y si las gentes mezquinas que necesitan que España se disgregue están en mayoría que se disgregue, que se separen las regiones unas de otras y se vaya cada cual por su lado, pero hagamos la despedida general más bien con una sonrisa que con una amenaza. Al fin y al cabo, por esto no se ha de hundir el mundo, ni la tierra de España ha de desaparecer en los mares. *[1918]* (MC, 276 y 283)

*

[*sexo*] Para mí, como para la mayoría de los que viven y han vivido sin medios económicos dentro de nuestra civilización, el sexo no es más que una fuente de miserias, de vergüenzas, y de pequeñas canalladas. Por eso digo que yo casi me hubiera alegrado de ser impotente. *[1917]* (JE, 54)

En todo lo que se refiera a la vida sexual, las ideas son bárbaras y contradictorias.

La castidad es una gran virtud; pero todo el mundo se ríe de las solteronas, y se reiría de los solterones si no se tuviera la conciencia de que para un hombre es fácil saltar por encima de muchas cosas, sin detrimento de su fama. *[1918]* (HS, 255)

Creo que el hombre no ha sabido dignificar el instinto sexual (...). Entre una cena de gente refinada y una comida de gañanes hay una diferencia enorme; pero en esta cuestión del amor no hay diferencia alguna. Es el mono o el cerdo que surge sin velos y sin disfraz. Yo creo que a la mayoría de los hombres sensibles, y no sé si a las mujeres desdichadas que tienen que caer en ese fondo del erotismo pagado, esos primeros contactos no le dejan más que una impresión de tristeza y de repugnancia. El cuarto de una casa miserable, la habitación sucia, la frase cínica, el perfume barato, el miedo al contagio, todo es un horror. No basta ni la retórica ni la ironía para paliarlo. *[1945]* (DUVC, III, 16-17)

*

[*Shakespeare, William*] Un jardín que tiene un trazado artificial, pero en donde la fuerza de la vida y del pensamiento rompe ese trazado e invade los caminos de una manera alegre. *[1917]* (NTA, 97)

Un amigo alegre, lleno de brutalidad, de talento y de gracia, que no quiere enseñar ni hacer advertencias. *[1917]* (NTA, 98)

*

[*sinceridad*] El francés, que conserva y guarda un gran respeto por la elegancia y el buen parecer, puede llegar a la sinceridad sin perder el decoro; el inglés, que además de esto tiene un fondo religioso en su alma, puede ser íntimo o sincero; pero el español, que no posee ninguna de estas cosas, cuando quiere ser sincero generalmente se va hacia la grosería. *[1904]* (TA, 30)

*

[*sintaxis*] La sintaxis tiene gran importancia. Desde un punto de vista psicológico, la sintaxis que emplea cada uno es una consecuencia de su raza y de su cultura. No puede ser lo mismo proceder de un país en que se haya hablado durante siglos un idioma que ser hijo de unos extranjeros. En este sentido, los más pobres en castellanidad y en latinidad de España y de Hispanoamérica tenemos que ser los vascos. *[1939]* (OC, XV, 272)

*

[*Sisley, Alfred*] Tuvo poco éxito en vida, era, probablemente, el mejor paisajista del tiempo, por lo menos el de más encanto. Tenía la sonrisa, la amabilidad del inglés cuando es amable. *[1945]* (DUVC, III, 171)

*

[*smart*] Estos ingleses, que no hacen más que perturbar con sus inocencias el mundo del buen tono, han sacado a relucir hace años una palabra perturbadora. Es la palabra *smart*. Resulta que el ser *smart* es ser elegante de una manera descuidada, y que para llegar a obtener ese preclaro título no hay leyes, ni modas, ni preceptos, ni nada. Afortunadamente, los trepadores madrileños no han caído en esa añagaza del *smartismo;* siguen rindiendo culto a la moda, imitándose unos a otros en sus trajes y en sus gestos. Y cuando un jovencito ve a otro jovencito idéntico a él, con el mismo peinado y la misma forma de vestir y el mismo sombrero y la misma manera de hablar, siente una satisfacción parecida a la que experimenta un negro cuando ve a otro de su raza y de su tribu. *[1904]* (TA, 35)

*

[*snobs*] El mérito para los *snobs* es hacer siempre descubrimientos. Así han llegado al dadaísmo, al cubismo y a otras estupideces semejantes. *[1945]* (DUVC, III, 91)

236

*

[*socialismo*] Dada la adoración por el número y por la masa que hoy se siente, yo me figuro que el porvenir será socialista; pero, a pesar de eso, siento una antipatía profunda por esa doctrina y por ese partido, que trae la glorificación de la manada, el apabullamiento del individuo por los demás. *[1904]* (TA, 22)

Una de las cosas que me ha repugnado en ellos, más que su pedantería, más que su charlatanismo, más que su hipocresía, es el instinto inquisitorial de averiguar las vidas ajenas. *[1917]* (OC, 156)

Otra de las consecuencias, a mi modo de ver, fatales de la democracia y del socialismo, es la de supeditar y subyugar el individuo en beneficio de la sociedad y del Estado. *[1904]* (TA, 38)

Los socialistas, al menos los españoles, han creído siempre que todos son explotadores, y ellos, en cambio, son puros, bienhechores de la humanidad, etc., etc. Sin embargo, lo primero que se les ha achacado al acercarse al Poder ha sido el ser enchufistas. Esto no lo inventaron los burgueses, sino el pueblo.
Los socialistas españoles creían que si se reunían diez sueldos en una persona no se explotaba a nadie; pero, en cambio, si se hablaba de los campesinos, de los pescadores, de las bailarinas o de los toreros, se les explotaba. *[1944]* (DUVC, I, 173)

*

[*sociedad literaria*] Todo el mundo ha hablado de las luchas y de las miserias de la vida literaria, de sus odios y de sus envidias. Yo no he visto tal cosa; lo único que he encontrado en ella es que circula muy poco dinero, lo que hace la existencia del escritor muy miserable y muy precaria. *[1917]* (JE, 122).

Ocupada casi por completo por hábiles y por farsantes. *[1908]* (LDE, 9)

Entre la juventud literaria del tiempo no vi más que malas intenciones: la envidia y la tristeza del pequeño éxito ajeno, la acusación de plagio, la acusación de homosexualidad. Todo lo que pudiera denigrar al compañero. *[1945]* (DUVC, III, 76)

Ahora no me choca; pero antes me ha chocado que la gente piense que unas personas tengan como el derecho de atacar y satirizar a otras y los atacados no tengan, a su vez, la libertad de contestarles de la misma o parecida manera. Unos tienen atribuciones para todo y otros para nada. *[1945]* (DUVC, III, 207)

Los escritores españoles quieren que los demás tengan espíritu evangélico; pero ellos no (...). A mí me parece muy lógico responder a la acritud con la acritud y a la simpatía con la simpatía.

No faltaría más que en un ambiente como el literario, en donde no hay ninguna cordialidad y todo el mundo muerde si puede, se exigiera a los demás una benevolencia idealista y romántica para el prójimo. *[1945]* (DUVC, III, 208)

Entre los aprendices de literato había gente rampante, sin delicadeza ninguna, que aspiraba a hacer una carrera por cualquier procedimiento. *[1945]* (DUVC, III, 353)

En los escritores, y sobre todo en los artistas, no hay más que cuquería, envidia y pasiones un poco ruines. Los celos entre unos y otros se dan como entre las cupletistas (...). En nuestro tiempo, entre algunos escritores, ya la benevolencia había desaparecido en parte. Muchos veíamos que la literatura era un pobre oficio y que la farsa de bondad y de bohemia no engañaba a nadie.

Todos nosotros no sólo sabíamos, sino que lo decíamos, que el que más y el que menos era mala persona, egoísta, chanchullero, maquinador. *[1947]* (DUVC, IV, 45) [*soledad*] El hombre que puede ser solitario de buen grado tiene que tener una gran dosis de indiferencia y de sensibilidad y bastarse a sí mismo. (...)

La soledad, indudablemente, tiene sus ventajas; inclina a inventar un comentario acerca de cosas corrientes que de otra manera pasan inadvertidas.

Los hombres completamente negados, los que no han encontrado dentro de ellos la más ligera sombra de espiritualidad se aburren en la soledad, pero es que llevan el aburrimiento dentro. (...)

Lo que sí hace la soledad es producir la digestión completa de los recuerdos y de las ideas. *[1917]* (HS, 12-13)

Sin ayuda de los demás no es posible conseguir algo en nuestro medio social, lo que hace que el hombre solo no sea, como Ibsen, el más fuerte, sino el más débil y el más miserable de todos los animales del planeta. *[1910]* (DA, 168)

El hombre solo no es el más fuerte, como ha dicho Ibsen, sino el más débil. El hombre solo es místico y le pasa como a los enfermos; ve en la vida sólo la realidad, y como la vida tiene tan poca realidad, llega a no ver nada. *[1920]* (CH, 173)

*

[*Sorolla, Joaquín*] Era uno de esos mediterráneos que quieren aparecer siempre como hombres toscos y francos, pero que en el fondo son maquiavélicos y de gran prudencia.

Era un hombre muy inteligente.

Sobre todo en cuestiones políticas, tenía unas ideas muy claras.

Y creo que si en cuestiones de su arte no se manifestaba con ideas tan claras y tan agudas, era probablemente porque no le convenía o no quería ser sincero consigo mismo.

Sorolla era un realista con tendencia al impresionismo. (...) Creía, y en esto yo estaba de acuerdo con él, que la principal posibilidad de la pintura moderna era el impresionismo; pero Sorolla desviaba el impresionismo para hacerlo práctico y comercial.

A mí me dijo un día:

—Esta pintura que hago yo me ha hecho rico, y si ahora sintiera veleidades de evolucionar, no evolucionaría.

Esto, para mí, era señal de no tener una afición completa por el oficio. (...)

Era de los mejores pintores de la época; pero a mí eso no me interesa mucho. Sorolla y Zuloaga eran por el estilo: artistas de receta, con una técnica mejor o peor, pero sin espíritu. *[1947]* (DUVC, IV, 261-266)

*

[*Spengler, Oswald*] A pesar de querer mirar el porvenir, ve el pasado. Es un fascista de un fascismo más profundo y más extenso que el que expresa la palabrería vana de Mussolini; pero un fascista del pasado.

Se exalta pensando en el culto de la violencia, de la decisión, de la disciplina, del espíritu prusiano. (...)

Es un nietzscheano a caballo, de sable y de cuartel. Hoy el que pretenda serlo a la alta escuela del tiempo, tiene que ser un nietzscheano de laboratorio y de avión. *[1934]* (OC, XIV, 1327)

*

[*Stravinsky, Igor*] El que me pareció un hombre interesante fue Stravinsky, con quien hablé en Barcelona en un banquete que le dieron a un pianista famoso, que no recuerdo quién era. El pianista tenía la petulancia de todos los de su oficio, y creía que sabía todos los secretos de España, y sabía cómo era el español y de dónde provenían sus cualidades y sus defectos. Esta pedantería es muy corriente entre los artistas. Stravinsky huía del lugar común y quería enterarse; preguntaba, dudaba, quería que se le dieran explicaciones y datos; tenía la actitud de una persona inteligente, cosa que para un músico, en general, debe ser muy difícil de tomar. *[1947]* (DUVC, IV, 309)

240

*

[*suerte*] En la vida, como en los juegos de azar, hay que jugar siempre a los encarnados; siempre que toquen. *[1904]* (TA, 164)

*

[*superhombre*] No hay signos de superhombría en el ambiente. Por el contrario, el hombre, por la presión de las masas, parece que tiende a hacerse más aborregado, menos individual, más social y, probablemente, más mediocre. (...)

No se ve tampoco que el hombre sea mejor hoy que ayer, sino que está más dominado por la policía y por las leyes. *[1933]* (OC, XIV, 1261)

*

[*superrealismo*] Constituye una teoría de producción en el campo literario a la que creo que el porvenir no le va a guardar agradables sorpresas. Como hecho literario debe realizarse, según sus cánones, sin querer, puesto que su primer postulado es la inconsciencia, la celebración sin orden, sin plan, sin método, cosa que a veces existe sin proponérselo, pero no de una manera tan marcada como el superrealismo pretende (...). En suma: es una teoría de paso. No creo que sea una perfecta estupidez, pero tampoco ha podido conquistar el triunfo. Igual creo que ocurre en lo que se refiere a las otras artes, excepción hecha de la música, en donde la influencia del *jazz-band* (...) y de la llamada «música negra» se ha dejado sentir en forma que sabe herir alguna cuerda vibratoria del mecanismo humano; en este caso, la realidad no se ve defraudada; ante esa batahola de silbidos, gritos, contorsiones, alaridos, estridencias y demás estimulantes, se siente la necesidad de saltar, de retorcerse; es decir, que lo que tenemos de salvajes responde necesariamente a la excitación del oído. En cambio, en una exposición de cuadros cubistas o expresionistas no hace efecto alguno: todo es mentira. *[1947]* (DUVC, IV, 213) [*superstición*] La mayoría de la gente cree en lo sobrenatural quizá porque no tiene una idea clara de lo natural. *[1933]* (OC, XIV, 1183)

En las creencias de un pueblo hay siempre como dos zonas: una, elevada, de grandes conceptos metafísicos, con figuras estilizadas de dioses, héroes o santos, y otra más baja, de supersticiones groseras y triviales. (...)
A esta parte baja de la superstición o de la religión inferior se adhieren al mismo tiempo el campesino inculto y bárbaro y el elemento decadente de las ciudades. Así como, en una aldea, un curandero, un saludador o un zahorí puede tener éxito, en la ciudad lo tiene entre ciertos elementos la quiromántica, la echadora de cartas, el mago, la pitonisa y el magnetizador. (...)
Esta pequeña religión mixta es la de los burgueses, de los cabarets, de las mujeres entretenidas, de los chulos y de los invertidos. *[1933]* (OC, XVI, 1317)

El interés que el hombre tiene en saber algo de su porvenir le ha conducido inevitablemente a una serie de extravagancias que se han tomado, se toman y es probable que se sigan tomando durante muchos años en serio. *[1943]* (OC, XV, 237)

Justificar las necedades es una obra grata para el hombre. *[1943]* (OC, XV, 241)

T

[*Talleyrand, Charles M. de*] Es el polo opuesto de Kierkegaard: el uno, toda vida interior; el otro, toda vida exterior, vida de aparato, de placer, de ambición y de ostentación.

Seguramente, Talleyrand no hubiera cambiado su vida por la de Kierkegaard; pero, probablemente, Kierkegaard tampoco hubiera cambiado su vida por la de Talleyrand.

Lo que demuestra, a mi manera de ver, que no hay un tipo de vida, sino muchos, y que cada cual elige, si puede, el que mejor le cuadra.

Yo, pudiendo elegir mi tipo de vida, no hubiera sido ni Kierkegaard ni Talleyrand. La existencia del uno me entristece, la del otro me repugna. *[1918]* (HS, 30; véase *Kierkegaard*)

*

[*teatro*] El teatro no me ha gustado. No sólo no me ha gustado, sino que le he tenido antipatía. Cuando recuerdo que de joven iba al paraíso del Real, a sufrir incomodidades y molestias, para oír los gorgoritos de una tiple o las escalas de un tenor, me considero a mí mismo como un estúpido. Esa sujeción de estar en el teatro como esperando el maná, me fastidia. Todo lo colectivo me es antipático. *[1944]* (DUVC, I, 166)

Yo he tenido poca curiosidad por los autores dramáticos, por el teatro y por los cómicos.

Para algunos, esto es como una manifestación de misantropía y de mala sangre, pero no hay tal.

Del teatro moderno no he leído con entusiasmo más que dos autores: Ibsen y Bernard Shaw. *[1945]* (DUVC, III, 37)

*

[*teología*] Recuerdo que en París, en casa de un escritor, conocí a un estudiante de teología sueco; y en el curso de la conversación le pregunté:

–Si fuera posible demostrar que en el universo no hay más que lo natural, la teología desaparecería, ¿verdad?

Y él me contestó, mirándome con su cara fría, de ojos claros:
–No. ¿Por qué?

Estas cosas, la cabeza de un meridional no se las explica. Yo no entiendo cómo puede existir una teología sin Dios; pero parece que hay algunos que lo comprenden. *[1918]* (HS, 29)

*

[*término medio*] Como yo hace muchos años, otros jóvenes de hoy y de mañana se encontrarán al principio de la vida con esa alternativa rígida: o adaptarse completamente o inadaptarse en absoluto: la ciudad estrecha o el desierto, el rebaño o el estado salvaje, la limitación o la libertad solitaria y pánica. Para que cese esa alternativa violenta, que no produce más que gente mecanizada o energúmena, será preciso que la sociedad, con más benevolencia y menos dogmatismo, pueda dar con el tiempo, al que busca la realidad, un poco de horizonte, y al que busca el horizonte un poco de realidad. *[1923]* (DA, 168-169)

*

[*tiranicidio*] Yo creo que si se pudiera suprimir diez jefes alemanes y otros diez rusos, la perspectiva de la guerra mundial desaparecería. El tiranicidio me parece muy bien. Es terrible que unos tipos ambiciosos y medio locos puedan tener al mundo entero desequilibrado, en pleno histerismo. *[1955]* (AP, 180)

*

[*todas hieren...*] Todo desaparece, todo se lo lleva la trampa; el tiempo ya se sabe que nada ha respetado. *[1947]* (DUVC, IV, 63)

*

[*tolerancia*] Afortunadamente para todos, la vida de los anticlericales no está en la mano de los clericales, ni al contrario; ni la de los revolucionarios en la de los conservadores, o viceversa; si no, estaríamos perdidos todos: los unos y los otros, a pesar del cristianismo y de la filantropía universal. *[1933]* (OC, XIV, 1264)

Hay personas que consideran que el que tiene opiniones contrarias a las suyas es un matón. *[1944]* (DUVC, I, 69)

El que no está conmigo está contra mí. Con esta tendencia cada persona tendrá que ir con un cartel con su historia y con todos sus antecedentes. Se mirará el uno al otro, y si no son de la misma tendencia, se separarán sin decirse adiós.

Hay que reconocer que se presenta un mundo poco ameno, dividido en compartimentos cerrados. Primero, las religiones, que tienen seis grupos de más de cien millones de adeptos, algunos como el bramán-budista, que llega cerca de los mil millones; después, la política, que divide a los hombres en comunistas, individualistas, monárquicos, republicanos, etcétera; después, los idiomas, y por último, las teorías literarias y artísticas. ¡Qué ilusos aquellos franceses de la Asamblea Constituyente que hicieron la declaración de los Derechos del Hombre! *[1947]* (DUVC, IV, 248-249)

*

[*totalitarismo*] En nuestros días, la guerra europea ha acostumbrado al poder de los Estados a no respetar la libertad ni la vida de los individuos. Los dictadores actuales, en nombre del socialismo o del fascismo, tratan a la gente como al ganado. *[1939]* (AH, 98)

*

[*tradición*] Por más que uno quiera ser antihistórico, antitradicionalista, el peso de las cosas que fueron obra sobre la conciencia. Ver el mundo como una novedad es imposible para un hombre de hoy. *[1917]* (NTA, 104)

Hoy hay gente entusiasta de las ideas viejas y de la vida nueva: la mayoría de los reaccionarios. Piensan con ternura en Felipe II o en Torquemada al lado de la radio y de un aparato de calefacción; otros tenemos la posición contraria: somos amigos de las ideas nuevas y tenemos simpatía por las costumbres viejas. Para nosotros puede ser agradable divagar acerca de la Panspermia de Arrhenius en un rincón de una chimenea baja de pueblo. *[1934]* (OC, XV, 43)

El odio a la tradición en la vida es como el odio a la historia en el terreno de la cultura. Uno y otro dimanan de un desprecio por el pasado y de la confianza en la genialidad del momento. Los revolucionarios creen que todo lo antiguo es supersticioso y falso y que sólo lo moderno es auténtico y válido. *[1939]* (AH, 122)

*

[*transmigración*] La transmigración de las almas seduce a fracasados que en su interior son orgullosos, y como quien se inventa una genealogía nobiliaria se fabrican unas encarnaciones anteriores y se convencen de su autenticidad. También ésta es una idea que gusta a los invertidos, así hay como una justificación de sus inclinaciones y el joven afeminado dice que en otra encarnación fue una dama de la corte de Cleopatra y la mujer virago afirma que fue un caballero del Renacimiento, probablemente apuesto y conquistador. *[1937]* (OC, XV, 140)

*

[*Trigo, Felipe*] Es lo contrario [que Azorín] pero en malo; quiere encontrar misterios en la peinadora, en el comisionista, en el estudiante, en el café de una ciudad de provincia, y se arma unos conflictos sentimentales y sensuales absurdos. Es como un Pérez Escrich de lo erótico, con un estilo confuso, revuelto y turbio. A mí me dijo una vez que cuando en una de sus novelas necesitaba un intermedio, un relleno entre dos hechos importantes, ponía uno o varios párrafos confusos que no querían decir nada. Es como si un cocinero, en los postres, *entre la poire et le fromage*, pusiera unos dulces hechos con serrín. *[1945]* (DUVC, III, 211)

*

[*triunfador*] Nosotros, cuando llega la hora del servicio militar, pagamos si tenemos dinero; si no lo tenemos, nos empeñamos, pero no servimos; cuando llega la hora de votar, no votamos; en los negocios somos siempre los amos; en la vida somos siempre los hombres de presa.

No tenemos idea alguna de solidaridad, de clase.

Conocemos la injusticia social. Sabemos que a un lado están los que llevan la piedra al hombro, los que manejan la pluma o el martillo o conducen el arado, y al otro los que cortan los cupones y viven bien. Sabemos que aquéllos son los buenos; pero nosotros, que hemos suprimido el problema social por el individual, queremos convertirnos de trabajadores en cortacupones.

No nos subordinamos más que a esto: a triunfar, y no nos inclinamos ante nada. *[1904]* (OC, XIII, 148-149)

U

[*ultramontanismo*] El ultramontanismo vive de la ficción y de la calumnia que ha mamado y es su arma favorita.

Falsos milagros, falsas tradiciones, piadosos ardides, falsas reliquias, falsos cronicones, emperadores romanos calumniados, reyes déspotas y criminales ensalzados hasta los honores divinos, porque conviene; falsas genealogías, orígenes fabulosos de órdenes monásticas, teorías acomodaticias que aconsejan ocultar lo bueno del enemigo y exagerar lo malo, para hacerlo más odioso (...), mientras se aumentan las virtudes y se ocultan los defectos del correligionario con «mentiras inocentes»; y, por fin, una larga costumbre de engañar en periódicos, libros y púlpitos; de todo esto se alimenta y es lo que hace legítimas entre esas gentes las falsedades más abominables, descubiertas y probadas mil veces. *[1898]* (OC, XVI, 769; véase *bizkaitarrismo*)

*

[*Unamuno, Miguel de*] Intentará demostrar al mismo tiempo que cualquier escritor portugués o sudamericano es una gran cosa, y que en cambio Kant, Schopenhauer, Goethe o Nietzsche no son nada. Es el eterno aldeanismo, rebozado con una punta de envidia. *[1918]* (HS, 187)

Era el aldeano que sale del terruño y se hace rabiosamente ciudadano y adopta todos sus hábitos y sus procedimientos. Quiso primero ser un escritor español ilustre y después ser un escritor universal (...). Ya después de muerto, sin el brazo poderoso que sostenía el armazón de su obra, ésta se desmorona. Yo creo que el bagaje no era grande. Así lo pienso sin entusiasmo y sin odio. Sus novelas me parecen medianas y su obra filosófica no creo que tenga solidez ni importancia. *[1944]* (DUVC, IV, 18)

Esto de hablar de lo que no entendía era muy privativo de Unamuno. *[1944]* (DUVC, I, 241)

Se creía todo. Era, sin proponérselo, filósofo, matemático, filólogo, naturalista, además de vidente y profeta. *[1947]* (DUVC, IV, 156)

Yo nunca me sentí contra él. Únicamente no era partidario del sistema suyo de agarrar a cualquiera por su cuenta, de acogotarle, de atarle de pies y manos y de convertirle en un oyente mudo. *[1947]* (DUVC, IV, 168)

En muchas ocasiones se asemejaba a Letamendi, porque creía que las ideas más sencillas no se le habían ocurrido a nadie y que eran patrimonio de su inteligencia. (...)
No le hubiera indicado a Mozart o a Beethoven lo que tenía que ser la música, porque había decidido que la música no era nada; que no valía la pena de ocuparse de ella, porque a él no le gustaba y que sólo algunos tontos caían en ese lazo burdo de las notas.
Unamuno era hombre clásico de tertulia de ateneo, como se dan muchos en España. También lo era Valle-Inclán y otros de menos importancia. A estos hombres se les da un crédito ilimitado y se les autoriza todo. Esto en el Ateneo de Madrid debía de ser lo habitual. Ejercían un cacicato despótico. *[1947]* (DUVC, IV, 156)

A mí no me entusiasma Unamuno, ni como novelista, ni como poeta, ni como filósofo. No se lo hubiera dicho, en su cara, cuando vivía por no molestarle. Cuando le hablaba, le hablaba con amabilidad. Pero a mí no me gustaba ni me gusta lo que este paisano mío ha escrito. *[1955]* (AP, 114)

250

*

[*universalismo*] Todo lo que no sea en algún sentido universal no tiene razón de ser. *[1918]* (MC, 277)

*

[*urbanita*] En los pueblos grandes se puede vivir más libremente y con mayor comodidad que en las ciudades pequeñas, pero no se conoce apenas al hombre por dentro. Así resulta la vida mucho más superficial de lo que se cree. El hombre de la gran ciudad vive casi siempre de cosas externas y aparatosas más que el tipo de pueblo pequeño. *[1955]* (AP, 20; véase *campo*)

V

[*vagabundo*] No cabe duda que para el que está sano y fuerte, y resiste las inclemencias del tiempo, el frío, el calor y la lluvia con facilidad, la vida de vagabundo debe de ser agradable. Cambiar siempre de paisaje, echar la siesta a la sombra de un bosquecillo y ponerse a dormir contemplando las estrellas sin coger un catarro, es magnífico.

Hay un fondo instintivo en el vagabundo que le hace lanzarse al campo. El hombre de tendencia nómada comprende oscuramente que el dedicarse a andar por los caminos le puede curar de su debilidad o de su irritación nerviosa. El vagabundaje, para algunos, constituye una terapéutica. A las emociones del viaje, el ciudadano prefiere el cine. (...)

Suele tener un carácter perezoso y contemplativo. Le gusta la soledad y la libertad. Todos dicen que no tienen familia, lo que no suele ser cierto. La idea de los lazos familiares les molesta.

Los vagabundos no son aventureros. No les gusta mezclarse en asuntos complicados. Son demasiado filósofos y quieren la vida sencilla. Para ellos, el estado errático es el normal, y si se les sujeta por algo, sienten la nostalgia del vivir libre. *[1934]* (OC, XIV, 978)

Es libertario, prefiere dormir a la intemperie mejor que bajo cubierta en la comisaría. *[1955]* (OC, XV, 691)

*

[*Valera, Juan*] Tenía gracia y malicia, pero era un fabricante

253

de *bibelots* y no quería salir de ahí. (...) No comprendo cómo un hombre que pasó años en la corte de Viena y en la de San Petersburgo, en una situación elevada, en donde vería y habría oído seguramente contar cosas interesantes, tuviese que referirse siempre en sus libros a Doña Mencía u otro pueblo próximo y hablar de los pestiños y de otros postres de sartén como algo trascendental. *[1947]* (DUVC, IV, 82)

*

[*valor*] Nadie sabe cómo se va a comportar en los momentos de peligro; a veces el que se cree valiente se muestra cobarde, y al contrario. Para el que tiende a ver la vida en fisiólogo, el valor es una consecuencia de energía nerviosa de la resistencia de los nervios, y no de las convicciones. *[1944]* (DUVC, I, 89)

*

[*valores sociales*] En nuestro tiempo la escala de valores tiende a cambiar; la parte alta, desde el filósofo y el hombre de ciencia hasta el escritor, va perdiendo prestigio para el público y queda solamente con sugestión la parte que se refiere al pintor y al deportista. *[1947]* (DUVC, IV, 207)

El pobre diablo que se hunda en la filosofía o en la matemática está lucido en nuestra época, sobre todo si no es profesor. *[1947]* (DUVC, IV, 228)

*

[*Valle-Inclán, Ramón M.ª del*] Yo no le noté que tuviera tipo noble ni ascético; ahora, peregrino, no sé, porque es palabra de muy poca precisión.

(...) A lo último, era un hombre que tenía salvoconducto para hacer lo que le diera la gana.

En la época republicana se decía que era un comunista y se le hizo un homenaje como revolucionario, y el Gobierno rojo le

254

daba una pensión a la viuda. En la época actual sería un tradicionalista. (...)

Tenía una serie de ambiciones completamente corrientes y burguesas: el entusiasmo aristocrático y el de la gloria que en él a la gente le parecía muy bien. (...)

Lo único que encontraba extraordinario en este escritor era el anhelo que tenía de perfección en su obra. (...)

Además de la antipatía física había entre nosotros una antipatía intelectual. *[1944]* (DUVC, I, 49)

Yo con Valle-Inclán he andado mucho, he discutido y hemos estado reñidos sin hablarnos. *[1947]* (DUVC, IV, 283)

*

[*Van Gogh, Vincent*] Era un poseído, un endemoniado, un vesánico como los de Dostoievski, con la diferencia de que, en vez de agitarse en una zona viva y tumultuosa de utopías sociales, como los rusos, se agitaba como la gente occidental de Europa en el ambiente viejo y caduco del arte (...). Todo lo de este hombre es atormentado: los árboles, las estrellas, las flores; todo parece que sufre y se queja. (...) Pienso que debía de ser un hombre de genio. *[1945]* (DUVC, III, 171-172)

*

[*vanguardias*] Siempre estamos como si nos encontráramos próximos a un santo advenimiento; pero la realidad es que no adviene nunca nada, al menos nada mejor de lo conocido. El hombre, de cuando en cuando, se podría representar por un cerdo que se había adornado con unas alas de papel, y quería convencer a todos de que iba a volar inmediatamente.

Todos estos innovadores han querido enseguida explotar la innovación. *[1944]* (DUVC, I, 128)

*

[*vanidad*] El escritor, el científico o el artista que se irrita y
se exaspera por un juicio más o menos injusto sobre él es un
poco cándido. *[1933]* (OC, XVI, 89)

El orgullo y la vanidad nos sostienen frente a la mentira y a
la granujería, y nos hace más limpios, más correctos. *[1944]*
(DUVC, I, 72)

*

[*vasco*] Silenciosos, antisociales, los vascos cuando quieren
entenderse con los demás cantan. *[1904]* (TA, 137)

El vasco en el campo, no del todo embrutecido por la tiranía
católica, me ha parecido un hombre sincero, sencillo, tímido, sin
ninguna gana de avasallar a nadie. Nunca he visto entre los campesinos nuestros que tengan esa religión del valor que en otras
comarcas la tienen hasta los más cobardes, ni tampoco he podido comprobar en nuestra tierra esas ideas exageradas acerca del
honor, la virtud o la patria, que existen en el resto de España.
[1917] (NTA, 117-118)

Si la raza vascongada en vez de recibir en sus entrañas una
doctrina ruinosa, caduca y muerta como el catolicismo, hubiera
respirado un ambiente de libertad y de pensamiento, quizás hubiera dado frutos sazonados a la civilización. *[1917]* (NTA, 118)

Desde hace mucho tiempo, por conveniencia de los clericales
vascongados, y por indiferencia y cobardía de los liberales de la
misma región, los vascos somos como los representantes netos
del absolutismo español y casi del europeo. (...) Ha habido vascos de los dos bandos, tan típicos los unos como los otros.
No tenemos, pues, los vascos una tradición exclusivamente reaccionaria. Hay que afirmarlo, aunque la tesis desagrade a los car-
listas y a esa nueva secta de entronizadores de vísceras, secta sa-
cristanesco-catalana, que se llama bizkaitarra (...). *[1918]* (DUVC,
116-117)

Lo que Loyola y Javier pudiesen tener de vascos era seguramente el ímpetu fisiológico de una raza europea de capacidad natural, encerrada en un rincón del mundo, con un idioma milenario, impenetrable a la cultura. Las ideas de los dos fundadores eran las ideas del tiempo en el mundo católico. (...)

Ni san Ignacio ni san Francisco Javier se sintieron vascos, y desde que salieron de su país no se ocuparon para nada de él. Eran universalistas. No tenían nada de euzkadianos de su tiempo. Se puede sospechar que si hubieran vivido ahora hubiesen mirado con desdén las pequeñas lucubraciones sacristanescas de Sabino Arana y sus discípulos. *[1934]* (OC, XIV, 1001-1002)

Unamuno afirmaba que el vasco era muy intrigante y muy cuco (él decía muy zorro). Yo no lo creo. El vasco ha sido durante muchísimo tiempo más rural que ciudadano, y ha tenido, lógicamente, las condiciones de los tipos rurales. Cuando ha ido a vivir a la ciudad, se ha ido acomodando a otros hábitos y a otras ideas; pero no se ha distinguido en ellos. *[1944]* (DUVC, II, 16)

Es una raza o un grupo étnico que casi ha desaparecido hace tiempo sin dar su nota en la civilización occidental. No se sabe antropológicamente cómo es, ni culturalmente tampoco. La lengua ya no la habla casi nadie; menos hay quien la escriba, y aunque la escribiera, alguno podría creer, el que se dedicara a ello, que estaba haciendo algo muy característico del país y no hiciera más que una rapsodia sin la menor originalidad. *[1947]* (DUVC, IV, 165)

No puede haber una comunidad de cultura vasca porque no hay un núcleo, ni aun pequeño, de cultura. No lo hay tampoco de raza. *[1947]* (DUVC, IV, 238)

*

[*vascuence*] Esa tesis que ha sostenido don Julio de Urquijo, afirmando la posibilidad de que el euskera sea lengua de civilización, me parece una fantasía de filólogo, pero no una realidad. *[1910]* (DA, 71)

Hace años en la radio de Valladolid el *speaker* dijo, refiriéndose al vascuence: «¿Quién se atreverá a ladrar en ese dialectucho?». La frase es completamente absurda.

¡Qué pedantería más huera! ¡Como si esto nos importara a los nacidos en el País Vasco! ¡Qué categorías más cómicas! El dialecto, creo yo, es una de las variedades del idioma. (...)

Del vascuence no se conoce su ascendencia; decir que es un dialectucho es una necedad para un arriero de La Mancha o para un vendedor de botijos de la sierra de Cazorla. *[1953]* (OC, XVI, 308)

El vascuence ha tenido siempre la condición, o la desdicha, de desatar las imaginaciones de los eruditos arbitrarios, y desde don Esteban de Garibay y Zamalloa, que creía que lo hablaban en el paraíso terrenal, hasta algunos antivasquistas que piensan que se ha inventado hace pocos años entre unos cuantos gamberros reunidos en la taberna de Larrechipi, de Vergara o de Azpeitia, hay todas las opiniones. *[1947]* (DUVC, IV, 405)

*

[*vasquismo*] Que un vasco sea, si quiere, helenista o latinista, está bien. También lo puede ser un esquimal. Ahora, vasquismo y helenismo, vasquismo y clasicismo, me parecen un poco absurdos. Cualquier otro tipo de España, o de otro rincón de Europa, me parece más propicio para unir el gusto de su región con el del clasicismo. *[1944]* (DUVC, I, 245)

En el vasquismo me son simpáticos: la sencillez y la oscuridad del hombre del campo, su poca tendencia a la afectación y a la pedantería, su poco dogmatismo, la no existencia de grandes ciudades y hasta la antigua tendencia de dirección de la casa por la mujer, que da una impresión de resto de matriarcado. *[1944]* (DUVC, II, 12)

258

El vasquismo es poca cosa; casi no es nada; pero si quisiera ser algo, si pretendiera tener carácter, necesitaría ser algo no latino. Hacer un movimiento intelectual parecido al de los flamencos contra la supremacía de los valones. *[1947]* (DUVC, IV, 169)

*

[*vejez*] La vida del viejo es recordar. Lo demás es ya poca cosa, recordar es mucho más. Cuando el viejo ya no recuerda y vegeta en su presente pobre y mezquino se le puede considerar acabado. *[1947]* (DUVC, IV, 63)

*

[*veracidad*] En mí la veracidad no es sólo un convencimiento, sino una técnica. *[1947]* (DUVC, IV, 199)

*

[*verdad*] La verdad con fuerza ejecutiva es el ideal de los fanáticos. *[1918]* (DA, 121)

A mí, lo que es auténtico, sincero, aunque sea hostil, no me molesta; la mentira, sí; sobre todo la mentira cuando tiene el crédito del lugar común admitido me es antipática.

Este culto de la verdad, según un crítico, que hizo unas semblanzas de escritores españoles, es como una pobre chifladura. Yo creo lo contrario. Si la verdad estuviera por debajo de cualquiera, del crítico vulgar y del escritor mediocre, el mundo sería enormemente ridículo. *[1929]* (OC, XVI, 82)

Yo hubiera aceptado como lema: La verdad siempre; el sueño, a veces. La verdad como verdad, base de la vida y de la ciencia; la fantasía y el sueño en su esfera.

Ese entusiasmo por lo verídico y la antipatía por el fraude constante terminan, a la larga, en la misantropía; el otro camino, el de la contemporización, conduce a la hipocresía y a la vulgaridad. *[1934]* (OC, XIV, 1206)

*

[*verdugo*] Nacer como los demás, tener padre, madre, hermanos, jugar con los chicos en la infancia, no advertir ninguna marca especial en el cuerpo ni en el espíritu de signo adverso y acabar siendo verdugo. ¡Terrible fracaso en todo! Por pocos bienes espirituales que encontrara en sí mismo, ¡qué liquidación de valores humanos de toda clase para llegar a ser lo que era. *[1932]* (FE, 224)

En España nunca ha habido entusiasmo por el verdugo. La gente popular se pone en el último momento más a favor del reo que del ejecutor. *[1933]* (OC, XIV, 977)

*

[*Verlaine, Paul*] Para mí el último gran poeta del mundo. *[1944]* (DUVC, I, 237)

Es la gloria de la literatura de un país y sería la vergüenza de una familia. *[1949]* (DUVC, VII, 217)

Creo que entre los poetas franceses nadie se puede poner a su lado. El único con quien se le puede comparar es con Villon, el viejo poeta del siglo xv, vagabundo y ladrón y que estuvo varias veces muy cerca de la horca. *[1955]* (AP, 117)

*

[*vida*] La vida es absurda, la vida es difícil de digerir, la vida es como una enfermedad, han dicho la mayoría de los filósofos.
Cuando el rencor humano se dirigió contra la sociedad, entonces hubo el interés de exaltar la vida. La vida es buena; el hombre es, naturalmente, magnánimo –se dijo–. La sociedad es la que le hace malo.

Yo estoy convencido de que la vida no es buena ni mala, es como la Naturaleza: necesaria. *[1914]* (JE, 39-40)

La vida no puede ser limpia ni pura en un sentido material. Pretenderlo es una estupidez. Es un contrasentido. (...) No puede haber nada vivo puro. ¿A qué reprochar a la vida su impureza? Es una estupidez. El carácter de la vida es ser mixto, complejo, y, si se quiere llamarle de una manera pomposa, impuro. *[1947]* (DUVC, IV, 219-220)

*

[*vida chocarrera*] La vida y la inteligencia se van derrochando en empresas inútiles, pero cuando el hombre que las ha derrochado se encuentra con personas cconómicas y prudentes, ve que tampoco éstas han ganado la partida y que su éxito no vale gran cosa. *[1947]* (DUVC, IV, 17)

*

[*vida social*] Sólo cuando se ve a un personaje grosero y vulgar, que hace las delicias de gente que se cree distinguida, es cuando se impone esta idea de la ramplonería general. *[1918]* (HS, 10)

Parece que allí donde uno va tiene su careta preparada, que se la pone al llegar. Cuando uno está solo supone que ya aquella cara es su cara, pero muchas veces parece también una máscara y que es uno farsante consigo mismo. *[1918]* (HS, 50)

Hay que transigir muchas veces en la vida social actual con lo que interiormente repugna; porque hay que vivir en la hipocresía y en la mentira; porque hay que hacer algunas pequeñas canalladas por acción o por omisión. *[1923]* (DA, 167)

La verdad en la vida social derivaría a la barbarie, al cinismo, a la falta de cortesía. Después de todo, ¿qué es la educación y las formas sociales sino algo basado en la mentira? Una impertinencia no es más que una verdad inoportuna. *[1934]* (OC, XIV, 1187)

Para mí, la base de la vida social sería: nada de dogma político, o por lo menos el mínimum, y en vez de esto, crítica, libre examen, experiencia y dictadura. *[1941]* (DUVC, I)

Mientras se deje a los abogados, a los comerciantes, a los escritores y a los zapateros echar discursos y decir necedades con un aire solemne, la vida social estará llena de peligros. *[1955]* (AP, 99)

*

[*violencia*] Nunca he creído que una violencia o una muerte pueda estar legitimada por una idea política que en general es una vulgaridad, una tontería o algo muy viejo y muy manido. *[1945]* (DUVC, III, 364)

[*Wagner, Richard*] Yo soy un hombre que no entiende de música, pero no soy completamente insensible a ella. Esto no es obstáculo para que tenga gran antipatía por los filarmónicos, sobre todo por los wagneristas.

(...) Eso de sustituir la iglesia por el teatro, y enseñar filoso fía cantando, me parece una ridiculez. *[1917]* (JE, 33-34)

*

[*Werth, Leon*] Le publicamos mi cuñado y yo una novela titulada *Ivonne y Pijallet*, que estaba bien, era divertida; una crítica de la vida seca y dura. (...)

Vivía en una casa pobre en un piso interior. León Werth nos convidó a Corpus Barga y a mí a comer en un restaurante un plato de pollo a la crema en compañía de un chino. (...)

Misantropía, disgusto, odio contra la incomprensión y la brutalidad de la gente y la vulgaridad es lo que le caracteriza. *[1947]* (DUVC, IV, 228-229)

*

[*Wilde, Oscar*] Era alto, demasiado alto, con un cuerpo de hombre grande y un tanto destartalado. Iba vestido de gris; llevaba un sombrero blando, una indumentaria vulgar. Tenía la cara larga, pálida y un poco caballuna; las manos, enormes, así como fláccidas y muertas, y los pies, por el estilo. Sabiendo quién era, daba la impresión de un fantasma. No sabiéndolo, parecía un hombrón vulgar. No tenía nada de ese aire trágico y dramático que tienen a veces las ruinas humanas. (...)

El hombre aquel, triste y decaído, podía ser en su decadencia el autor de *El retrato de Dorian Grey* y de otros libros un poco aparatosos y petulantes escritos para los *snobs;* pero no parecía que pudiera ser el que había escrito comedias tan chispeantes y tan alegres como *El abanico de lady Windermere* y, sobre todo, como *La importancia de llamarse Ernesto. [1944]* (DUVC, III, 158)

[*Zola, Emilio*] El autor de *Los Rougon-Macquart*, como honrado y buen ciudadano, al mismo tiempo que gran artista, indica el mal con la idea piadosa de que se le ataje, muestra la podredumbre de la cloaca humana buscando el remedio, la limpieza, la desinfección. *[1904]* (TA, 67)

Es un escritor fuerte, vigoroso, elocuente; pero, para mí, es pesado. No hay en él nunca una sonrisa, una amabilidad o un rasgo de humor. *[1955]* (OC, XV, 721)

*

[*zoo*] Yo no tengo ningún entusiasmo por visitar los parques zoológicos. Un jardín zoológico me da una impresión desagradable de asombro y casi de espanto. Se maravilla uno de que la sabia naturaleza haya producido tanto monstruo. El aire perplejo de los pingüinos, con su especie de «macfarlán» negro, andando despacio; los saludos de los osos blancos, que parecen demostrar un sentimiento afectuoso; los gritos de las focas; la serpiente cascabel, que se acerca con su lengua bífida y va a dar con ella en el cristal de su cárcel si se acerca la mano; el pulpo, que parece una masa gris que está cambiando constantemente de color y que mira con dos ojillos negros y rencorosos, todo esto, unido a tanto bicho raro –aves, mamíferos, reptiles y peces de una morfología absurda–, le deja a uno un poco sobrecogido. *[1934]* (OC, XIV, 113)

*

[*Zuloaga, Ignacio*] Su pintura siempre me pareció plana; cuerpos con silueta, pero sin bulto, y el fondo amanerado y convencional. (...) Da la impresión de que sus figuras, a veces de contorsiones violentas, no corresponden al ambiente. (...) Yo he visto algunas cosas de Zuloaga que están, a mi parecer, muy bien, como una calle de Nájera, con una diligencia antigua delante de un parador; eso es muy bonito. Ahora los cuadros grandes con tipos amanerados y fondos convencionales, no me gustan (...). Le llamaban la atención los gitanos y los toreros. *[1947]* (DUVC, IV, 238-251)

Índice de entradas